职业教育改革创新教材

Qiche Weihu
汽车维护

(第3版)

马伟森　桂长江　主　编
孙永江　李　敏　副主编

人民交通出版社股份有限公司
北京

内 容 提 要

本书是职业教育改革创新教材之一,主要内容包括:汽车维护基础知识、汽车发动机的维护、汽车底盘的维护、汽车电气设备的维护、汽车车身的维护以及4S店售前维护操作规程和维护灯复位操作。

本书可作为职业院校汽车运用与维修专业的教材,也可供汽车维修及相关技术人员参考阅读。

图书在版编目(CIP)数据

汽车维护/马伟森,桂长江主编. —3版. —北京:
人民交通出版社股份有限公司,2021.7 (2025.1重印)
ISBN 978-7-114-17293-9

Ⅰ.①汽… Ⅱ.①马…②桂… Ⅲ.①汽车—车辆修理—职业教育—教材 Ⅳ.①U472.4

中国版本图书馆CIP数据核字(2021)第087048号

职业教育改革创新教材
书　　名:**汽车维护(第3版)**
著 作 者:马伟森　桂长江
责任编辑:翁志新　侯力文
责任校对:孙国靖　魏佳宁
责任印制:刘高彤
出版发行:人民交通出版社股份有限公司
地　　址:(100011)北京市朝阳区安定门外外馆斜街3号
网　　址:http://www.ccpcl.com.cn
销售电话:(010)85285911
总 经 销:人民交通出版社股份有限公司发行部
经　　销:各地新华书店
印　　刷:北京市密东印刷有限公司
开　　本:787×1092　1/16
印　　张:13
字　　数:220千
版　　次:2011年8月　第1版
　　　　　2016年4月　第2版
　　　　　2021年7月　第3版
印　　次:2025年1月　第3版　第3次印刷　累计第10次印刷
书　　号:ISBN 978-7-114-17293-9
定　　价:34.00元

(有印刷、装订质量问题的图书,由本公司负责调换)

职业教育改革创新教材编委会

（排名不分先后）

主　　任：刘建平（广州市交通运输职业学校）
　　　　　杨丽萍（阳江市第一职业技术学校）
副 主 任：黄关山（珠海城市职业技术学院）　　周志伟（深圳市宝安职业技术学校）
　　　　　邱今胜（深圳信息职业技术学院）　　朱小东（中山市沙溪理工学校）
　　　　　侯文胜（顺德职业技术学院）　　　　韩彦明（佛山市华材职业技术学校）
　　　　　庞柳军（广州市交通运输职业学校）　程和勋（中山市中等专业学校）
　　　　　冯　津（广州合赢教学设备有限公司）邱先贵（广东文舟图书发行有限公司）
委　　员：谢伟钢、赵镇武、孟婕、曾艳（深圳市龙岗职业技术学校）
　　　　　李博成（深圳市宝安职业技术学校）
　　　　　罗雷鸣、陈根元、马征（惠州工业科技学校）
　　　　　邱勇胜、何向东（清远市职业技术学校）
　　　　　李洪泳（江门市新会机电职业技术学校）
　　　　　刘武英、陈德磊、阮威雄、江珠（阳江市第一职业技术学校）
　　　　　苏小举、孙永江、李爱民（珠海市理工职业技术学校）
　　　　　陈凡主（中山市沙溪理工学校）
　　　　　刘小兵（广东省轻工高级职业技术学校）
　　　　　许志丹、谭智男、陈东海、任丽（佛山市华材职业技术学校）
　　　　　欧阳可良、马涛（佛山市顺德区中等专业学校）
　　　　　周德新、张水珍（河源理工学校）
　　　　　谢立梁（广州市番禺工贸职业技术学校）
　　　　　范海飞、闫勇（广东省普宁职业技术学校）
　　　　　温巧玉（广州市白云行知职业技术学校）
　　　　　冯永亮、巫益平（佛山市顺德区郑敬怡职业技术学校）
　　　　　王远明、郑新强（东莞理工学校）
　　　　　程树青（惠州商业学校）
　　　　　高灵聪（广州市信息工程职业学校）
　　　　　黄宇林、邓津海（广东省理工职业技术学校）
　　　　　张江生（湛江机电学校）
　　　　　任家扬（中山市中等专业学校）
　　　　　邹胜聪（深圳市第二职业技术学校）
丛书总主审：朱　军

PREFACE TO THE THIRD EDITION

"十二五"期间,人民交通出版社以职教专家、行业专家、学校教师、出版社编辑"四结合"的模式开发出了"职业教育改革创新示范教材",受到广大职业院校师生的欢迎。

为了紧跟汽车行业发展趋势,更好地适应汽车类专业实际教学需求,2015—2016年,人民交通出版社股份有限公司组织修订,出版了本套教材的第2版。2019年12月,人民交通出版社股份有限公司吸收教材使用院校教师的意见和建议,组织相关老师,对已出版的"职业教育改革创新示范教材"再次进行了全面修订,对个别不能完全适应学校教学的教材进行了重新整合,更新了教材内容,并对教材中的错漏之处进行了修正。

该套教材将先进的教学内容、教学方法与教学手段有效地结合起来,形成课本、课件(部分课程配)和数字资源(部分课程配)三位一体的立体教学模式。

《汽车维护》是其中一本,此次修订,教材内容更加贴近市场和实用性,紧紧围绕汽车维护过程中主要操作内容和需要注意项目及维护标准,书中车型全部更新为主流车型;删除了陈旧的知识点、被淘汰的应用技术、废止的法律法规等;纠正了前两版中的错误知识点;修订了原版中的不规范的文字,更正了部分图例中不清楚内容,以及教材中结构内容不合理的部分;更新了最新的相关国家技术标准和技术规范。在部分知识点处设置了二维码,有助于学生更形象地理解相关内容。

本书由佛山市华材职业技术学校马伟森、昆明市盘龙职业高级中学桂长江担任主编,珠海市理工职业技术学校孙永江、贵州交通职业技术学院李敏担任副主编,参加编写的还有张立新、黄宜坤、卢中德、郭大民、李泰然、原淑娟、王晓鹏、桂前龙。

限于编者的经历和水平,书中难免有不妥或错误之处,敬请广大读者批评指正,提出修改意见和建议,以便重印或再版时改正。

职业教育改革创新教材编委会
2021 年 4 月

目录 CONTENTS

第一章　汽车维护基础知识　/　1

第一节　汽车维护制度 …………………………………………………… 2
第二节　汽车运行材料 …………………………………………………… 32
第三节　汽车维护的工具、量具及仪器 ………………………………… 51
第四节　汽车维护安全知识 ……………………………………………… 63

第二章　汽车发动机的维护　/　72

第一节　燃油供给系统的维护 …………………………………………… 72
第二节　进排气系统的维护 ……………………………………………… 78
第三节　点火系统的维护 ………………………………………………… 84
第四节　冷却系统的维护 ………………………………………………… 92
第五节　润滑系统的维护 ………………………………………………… 99

第三章　汽车底盘的维护　/　104

第一节　传动系统的维护 ………………………………………………… 105
第二节　转向系统的维护 ………………………………………………… 118
第三节　行驶系统的维护 ………………………………………………… 123
第四节　制动系统的维护 ………………………………………………… 129

第四章　汽车电气设备的维护　/　135

第一节　蓄电池的维护 …………………………………………………… 135
第二节　交流发电机与起动机的维护 …………………………………… 144

第三节　空调系统的维护 …………………………………………… 153
第四节　照明、仪表和报警灯系统的维护 ………………………… 164
第五节　其他电气设备的维护 ……………………………………… 171

第五章　汽车车身的维护 / 178

第一节　车身外部清洗维护 ………………………………………… 179
第二节　车身手工打蜡维护 ………………………………………… 187

第六章　4S店售前维护操作规程和维护灯复位操作 / 191

第一节　4S店售前维护（PDI）项目操作 ………………………… 191
第二节　常见车型的维护灯复位操作 ……………………………… 196

参考文献 / 199

第一章
汽车维护基础知识

学习目标

1. 了解汽车维护制度；
2. 明确汽车维护的目的和意义；
3. 了解汽车不同维护周期的作业要求和技术规范；
4. 掌握汽车维护工具和设备的选择,并能正确使用；
5. 熟悉各种汽车运行材料的特性和类型；
6. 掌握检查维护中的安全操作规范。

汽车市场可以分为汽车前市场和汽车后市场,汽车前市场是指汽车制造业,而汽车后市场是指汽车服务业。汽车服务业主要业务包括整车销售、汽车配件销售、汽车修理、汽车美容与装饰、汽车维护与检测、汽车零件的互换、二手汽车评估认证、汽车救援、汽车保险以及汽车加装与改装等。

汽车作为机电产品,其使用寿命是随着制造业的不断进步而延长的,但是零部件都会逐渐发生磨损,技术状况会不断变差,只有根据零部件的磨损规律实施切实可行的维护措施,才能保持汽车完好的使用状态和技术性能。

第一节 汽车维护制度

一 汽车维护的目的与意义

汽车维护是为维持汽车完好技术状况或工作能力而进行的作业。实践证明,对汽车进行可靠的维修作业,是延长其使用寿命、防止零部件早期损坏、减少运行故障的最佳措施。日常生活中常说的汽车维护是指汽车运行中的维护,也即由传统的汽车维护作业演化而来。对汽车进行预防性的各种维护,是一种快捷、优质、高效的汽车服务,包括清洁作业、润滑油检查及更换、技术调整(包括检查作业、紧固作业和调整作业)。汽车维护的意义如图1-1所示。

图1-1 汽车维护的意义

汽车维护的目的在于保持汽车外观整洁,延长零部件使用寿命,减少不应有损坏,而且同时实现下述功能:

(1)确保汽车经常处于良好的技术状况,随时可以出车,提高车辆完好率。

(2)在正常的使用条件下,汽车在运行中不至于因中途故障而停歇,同时保证行车安全。

(3)确保汽车各部件总成的技术状况尽可能保持均衡。

(4)确保汽车运行中燃料、润滑材料、专用液体及轮胎的消耗费用降到最低。

(5)减少车辆的噪声与排放污染物对环境的污染。

二、我国的汽车维护制度

汽车在运行中,由于受摩擦、振动、冲击以及自然条件等各种运行条件的影响,各部件和零件会产生不同程度的松动、变形、磨损、疲劳、腐蚀、老化和损伤。随着行驶里程的增加,运行状况逐渐恶化,故障增多,汽车动力性、安全性、经济性下降,甚至出现意外事故。

《汽车维护、检测、诊断技术标准》(GB/T 18344—2016)涵盖了所有汽车维修最基础的技术规范,对汽车维护周期、维护作业内容和竣工检验标准等做出了明确的规定,且将汽车维修原则适当调整为"定期检测、周期维护、视情维修"。

依据作业周期和性质的不同,汽车维护可分为定期维护和非定期维护两种。汽车定期维护分为日常维护、一级维护、二级维护。汽车非定期维护分为走合期维护和换季维护。

三、汽车定期维护周期及其确定

汽车日常维护的周期分为出车前、行车中和收车后。

汽车一级维护、二级维护周期的确定应以行驶里程间隔为基本依据,行驶里程间隔执行车辆维修资料等有关技术文件的规定。对于不便用行驶里程间隔统计、考核的汽车,可用行驶时间间隔确定一级维护、二级维护周期。国家标准推荐的道路运输车辆一级维护、二级维护推荐周期见表1-1。

道路运输车辆一级维护、二级维护推荐周期　　　　表1-1

适用车型		维护周期	
		一级维护行驶里程间隔上限值或行驶时间间隔上限值	二级维护行驶里程间隔上限值或行驶时间间隔上限值
客车	小型客车(含乘用车)(车长≤6m)	10000km 或 30 日	40000km 或 120 日
	中型及以上客车(车长>6m)	15000km 或 30 日	50000km 或 120 日

续上表

适用车型		维护周期	
		一级维护行驶里程间隔上限值或行驶时间间隔上限值	二级维护行驶里程间隔上限值或行驶时间间隔上限值
货车	轻型货车（最大设计总质量）≤3500kg	10000km 或 30 日	10000km 或 120 日
	轻型以上货车（最大设计总质量>3500kg）	15000km 或 30 日	50000km 或 120 日
挂车		15000km 或 30 日	50000km 或 120 日

注：对于以山区、沙漠、炎热、寒冷等特殊运行环境为主的道路运输车辆，可适当缩短维护周期。

1 车辆使用说明书的有关规定与维护周期

在每一辆汽车的随车物品中，车辆使用说明书是一份必不可少的使用技术资料。其中，对该车型的定期维护的分级、周期及各级维护的作业内容都有明确规定，并要求车辆在使用过程中应按照使用说明书的要求严格执行，尤其是初驶过程中应到制造厂指定的特约维修站进行车辆维护。

2 发动机润滑油更换周期与维护周期

确定汽车发动机润滑油的合理更换周期，也是确定整车维护周期的重要参照依据。因为润滑油更换周期合理与否，将直接影响发动机乃至整车的使用寿命，以及车辆的使用经济性。我国汽车用户对发动机润滑油更换的原则主要是以汽车制造厂推荐的换油周期为标准。

3 汽车使用条件与维护周期

汽车使用条件包括汽车运行地区的地理环境、气候、风沙条件，汽车运行强度和燃料、润滑材料的品质等。应根据汽车使用条件的不同,结合汽车使用说明书的要求,确定汽车一、二级维护的周期。

四 汽车日常维护

汽车日常维护是指以清洁、补给和安全检视为中心内容的作业,主要由车辆驾驶人负责。在汽车使用过程中,为确保汽车正常行驶,在出车前、行车中和收车后,必须对汽车进行日常维护。日常维护是发挥车辆效率、减少行车事故、节约维修费用、降低能耗和延长车辆使用寿命的重要环节。

1 汽车日常维护的基本要求

汽车日常维护的目的是保证车辆各部分的清洁和润滑,各总成、部件的工作正常,尤其是要掌握车辆安全部件的技术状况,保证其工作可靠性。具体应做到:车容整洁;工作介质(燃油、发动机润滑油、动力传动液、冷却液、制动液及蓄电池电解液等)充足,密封良好;水、电、油、气无泄漏;附件齐全,无松动;制动可靠,转向灵敏,灯光、喇叭等工作正常。

2 汽车日常维护的作业内容

汽车日常维护作业项目及技术要求见表1-2。

日常维护作业项目及技术要求　　　表1-2

序号	作业项目	作业内容	技术要求	维护周期
1	车辆外观及附属设施	检查、清洁车身	车身外观及客车车厢内部整洁,车窗玻璃齐全、完好	出车前或收车后
		检查后视镜,调整后视镜角度	后视镜完好、无损毁,视野良好	出车前
		检查灭火器、客车安全锤	灭火器配备数量及放置位置符合规定,且在有效期内。客车安全锤配备数量及放置位置符合规定	出车前或收车后

续上表

序号	作业项目	作业内容	技术要求	维护周期
1	车辆外观及附属设施	检查安全带	安全带固定可靠、功能有效	出车前或收车后
		检查风窗玻璃刮水器	刮水器各挡位工作正常	出车前
2	发动机	检查发动机润滑油、冷却液液面高度,视情补给	油(液)面高度符合规定	出车前
3	制动	制动系统自检	自检正常,无制动报警灯闪亮	出车前
		检查制动液液面高度,视情补给	液面高度符合规定	出车前
		检查行车制动、驻车制动	行车制动、驻车制动功能正常	出车前
4	车轮及轮胎	检查轮胎外观、气压	轮胎表面无破裂、凸起、异物刺入及异常磨损,轮胎气压符合规定	出车前、行车中
		检查车轮螺栓、螺母	齐全完好,无松动	
5	照明、信号指示装置及仪表	检查前照灯	前照灯完好、有效,表面清洁,远近光变换正常	出车前
		检查信号指示装置	转向灯、制动灯、示廓灯、危险报警灯、雾灯、喇叭、标志灯及反射器等信号指示装置完好有效,表面清洁	出车前、行车中
		检查仪表	工作正常	

在实施维护作业的过程中要防止液体清洁剂进入电器元件;搬动蓄电池时不可以倾斜,避免电解液飞溅到衣服或皮肤上;禁止将任何金属物体放到蓄电池壳体上。

五 汽车一级维护

汽车一级维护是指除日常维护作业外,以润滑、紧固为中心内容,并检查有关制动、操纵等系统中的安全部件的维护作业,由维修企业维修人员负责执行。

在汽车使用过程中,随着行驶里程的增加,有些零部件可能会出现松脱,润滑部位会出现缺油或者漏油等现象,影响汽车的操纵安全性,因此,定期对汽车进行一级维护十分必要。由于一级维护作业中零部件紧固、润滑油添加和更换、安全部件技术状况的检查等属于专业性维护作业,需要利用相关专业设备和工具按技术标准进行,如图1-2所示。

图1-2 汽车一级维护场景

1 汽车一级维护的基本要求

汽车一级维护是一项运行性维护作业,即在汽车日常使用过程中的一次以确保车辆正常运行状况为目的的作业,以润滑、紧固为主要内容,并检查有关制动、操纵等系统中的安全部件。

2 汽车一级维护项目与技术要求

按照《汽车维护、检测、诊断技术标准》(GB/T 18344—2016)的规定,汽车一级维护项目和技术要求,见表1-2及表1-3。

一级维护基本作业项目及技术要求   表1-3

序号	作业项目		作业内容	技术要求
1	发动机	空气滤清器、机油滤清器和燃油滤清器	清洁或更换	按规定的里程或时间清洁或更换滤清器。滤清器应清洁,衬垫无残缺,滤芯无破损。滤清器安装牢固,密封良好
2		发动机润滑油及冷却液	检查油(液)面高度,视情更换	按规定的里程或时间更换润滑油、冷却液,油(液)面高度符合规定
3	转向系	部件连接	检查、校紧万向节、横直拉杆、球头销和转向节等部位连接螺栓、螺母	各部件连接可靠
4		转向器润滑油及转向助力油	检查油面高度,视情更换	按规定的里程或时间更换转向器润滑油及转向助力油,油面高度符合规定
5	制动系	制动管路、制动阀及接头	检查制动管路、制动阀及接头,校紧接头	制动管路、制动阀固定可靠,接头紧固,无漏气(油)现象
6		缓速器	检查、校紧缓速器连接螺栓、螺母,检查定子与转子间隙,清洁缓速器	缓速器连接紧固,定子与转子间隙符合规定,缓速器外表、定子与转子间清洁,各插接件与接头连接可靠
7		储气筒	检查储气筒	无积水及油污

续上表

序号	作业项目	作业内容	技术要求
8	制动系 制动液	检查液面高度,视情更换	按规定的里程或时间更换制动液,液面高度符合规定
9	传动系 各连接部位	检查、校紧变速器、传动轴、驱动桥壳、传动轴支撑等部位连接螺栓、螺母	各部位连接可靠,密封良好
10	变速器、主减速器和差速器	清洁通气孔	通气孔通畅
11	车轮 车轮及半轴的螺栓、螺母	校紧车轮及半轴的螺栓、螺母	拧紧力矩符合规定
12	轮辋及压条挡圈	检查轮辋及压条挡圈	轮辋及压条挡圈无裂损及变形
13	其他 蓄电池	检查蓄电池	液面高度符合规定,通气孔畅通,电桩、夹头清洁、牢固,免维护蓄电池电量状况指示正常

续上表

序号	作业项目	作业内容	技术要求
14	防护装置	检查侧防护装置及后防护装置,校紧螺栓、螺母	完好有效,安装牢固
15	其他 全车润滑	检查、润滑各润滑点	润滑嘴齐全有效,润滑良好。各润滑点防尘罩齐全完好。集中润滑装置工作正常,密封良好
16	整车密封	检查泄漏情况	全车不漏油、不漏液、不漏气

六 汽车二级维护

汽车二级维护作业项目是除一级维护作业外,以检查、调整制动系统、转向操纵系统、悬架等安全部件,并拆检轮胎,进行轮胎换位,检查调整发动机工作状况和汽车排放相关系统等为主的维护作业。包括基本作业项目和附加作业项目。基本作业即日常维护、一级维护的所有项目内容和二级维护的基本项目内容。汽车二级维护作业由专业维修人员负责执行。二级维护作业流程如图1-3所示。

1 汽车二级维护的基本要求

(1)二级维护作业项目包括基本作业项目和附加作业项目,二级维护作业时一并进行。

(2)二级维护前应进行进厂检测,依据进厂检测结果进行故障诊断并确定附加作业项目。二级维护作业过程中发现的维修项目也应作为附加作业项目。

(3)二级维护过程中应进行过程检验。

(4)二级维护作业完成后应进行竣工检验,竣工检验合格的车辆,由维护企业签发维护竣工出厂合格证。

(5)二级维护检测使用的仪器设备应符合相关国家标准和行业标准的规定,计量器具及设备应计量检定或校准合格并在有效期内。

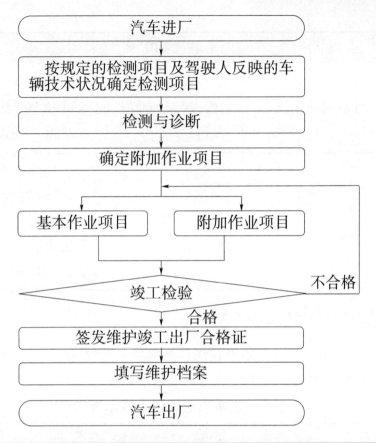

图 1-3　二级维护作业流程图

2 汽车二级维护进厂检测

（1）进厂检测包括规定的检测项目以及根据驾驶人反映的车辆技术状况确定的检测项目，二级维护规定的进厂检测项目见表1-4。

（2）检测项目的技术要求应符合国家有关的技术标准和车辆维修资料等相关规定。

（3）进厂检测时应记录检测数据或结果，并据此进行车辆故障诊断。

二级维护规定的进厂检测项目　　　　　表1-4

序号	检测项目	检测内容	技术要求
1	故障诊断	车载诊断系统（OBD）的故障信息	装有车载诊断系统（OBD）的车辆，不应有故障信息

续上表

序号	检测项目	检测内容	技术要求
2	行车制动性能	检查行车制动性能	采用台架检验或路试检验,应符合 GB 7258 相关规定
3	排放	排气污染物	汽油车采用双怠速法,应符合 GB 18285 相关规定。柴油车采用自由加速法,应符合 GB 3847 相关规定

3 汽车二级维护项目及技术要求

二级维护作业项目及技术要求包括日常维护、一级维护的所有内容(表 1-2、表 1-3),在此基础上增加的基本项目及技术要求见表 1-5。

二级维护基本作业项目及技术要求　　　　表 1-5

序号	作业项目		作业内容	技术要求
1	发动机	发动机工作状况	检查发动机起动性能和柴油发动机停机装置	起动性能良好,停机装置功能有效
			检查发动机运转情况	低、中、高速运转稳定,无异响
2		发动机排放机外净化装置	检查发动机排放机外净化装置	外观无损坏、安装牢固
3		燃油蒸发控制装置	检查外观,检查装置是否畅通,视情更换	炭罐及管路外观无损坏、密封良好、连接可靠,装置畅通无堵塞

续上表

序号	作业项目		作业内容	技术要求
4	发动机	曲轴箱通风装置	检查外观,检查装置是否畅通,视情更换	管路及阀体外观无损坏、密封良好、连接可靠,装置畅通无堵塞
5		增压器、中冷器	检查、清洁中冷器和增压器	中冷器散热片清洁,管路无老化,连接可靠,密封良好。增压器运转正常,无异响,无渗漏
6		发电机、起动机	检查、清洁发电机和起动机	发电机和起动机外表清洁,导线接头无松动,运转无异响,工作正常
7		发动机传动带(链)	检查空气压缩机、水泵、发电机、空调机组和正时传动带(链)磨损及老化程度,视情调整传动带(链)松紧度	按规定里程或时间更换传动带(链)。传动带(链)无裂痕和过量磨损,表面无油污,松紧度符合规定
8		冷却装置	检查散热器、水箱及管路密封	散热器、水箱及管路固定可靠,无变形、堵塞、破损及渗漏。箱盖接合表面良好,胶垫不老化
			检查水泵和节温器工作状况	水泵不漏水、无异响,节温器工作正常
9		火花塞、高压线	检查火花塞间隙、积炭和烧蚀情况,按规定里程或时间更换火花塞	无积炭,无严重烧蚀现象,电极间隙符合规定

续上表

序号	作业项目		作业内容	技术要求
9	发动机	火花塞、高压线	检查高压线外观及连接情况,按规定里程或时间更换高压线	高压线外观无破损、连接可靠
10		进、排气歧管、消声器、排气管	检查进、排气歧管、消声器、排气管	外观无破损,无裂痕,消声器功能良好无油污、无灰尘,隔热层密封良好
11		发动机总成	清洁发动机外部,检查隔热层,校紧连接螺栓、螺母	油底壳、发动机支撑、水泵、空气压缩机、涡轮增压器、进排气歧管、消声器、排气管、输油泵和喷油泵等部位连接可靠
12		储气筒、干燥器	检查、紧固储气筒,检查干燥器功能,按规定里程或时间更换干燥剂	储气筒安装牢固,密封良好。干燥器功能正常,排水阀通畅
13	制动系统	制动踏板	检查、调整制动踏板自由行程	制动踏板自由行程符合规定
14		驻车制动	检查驻车制动性能,调整操纵机构	功能正常,操纵机构齐全完好、灵活有效
15		防抱死制动装置	检查连接线路,清洁轮速传感器	各连接线及插接件无松动,轮速传感器清洁
16		鼓式制动器	检查制动间隙调整装置	功能正常
			拆卸制动鼓、轮毂、制动蹄,清洁轴承位、轴承、支承销和制动底板等零件	清洁,无油污,轮毂通气孔畅通

续上表

序号	作业项目		作业内容	技术要求
16	制动系统	鼓式制动器	检查制动底板、制动凸轮轴	制动底板安装牢固、无变形、无裂损。凸轮轴转动灵活,无卡滞和松旷现象
			检查轮毂内外轴承	滚柱保持架无断裂,滚柱无缺损、脱落,轴承内外圈无裂损和烧蚀
			检查制动摩擦片、制动蹄及支承销	摩擦片表面无油污、裂损,厚度符合规定。制动蹄无裂纹及明显变形,铆接可靠,铆钉沉入深度符合规定。支承销无过量磨损,与制动蹄轴承孔衬套配合无明显松旷
			检查制动蹄复位弹簧	复位弹簧不得有扭曲、钩环损坏、弹性损失和自由长度改变等现象
			检查轮毂、制动鼓	轮毂无裂损,制动鼓无裂痕、沟槽、油污及明显变形
			装复制动鼓、轮毂、制动蹄,调整轮毂轴承松紧度、调整制动间隙	润滑轴承,轴承位涂抹润滑脂后再装轴承。装复制动蹄时,轴承孔均应涂抹润滑脂,开口销或卡簧固定可靠。制动摩擦片与制动鼓摩擦面应清洁,无油污。制动摩擦片与制动鼓配合间隙符合规定。轮毂转动灵活且无轴向间隙。锁紧螺母、半轴螺母及车轮螺母齐全,拧紧力矩符合规定

续上表

序号	作业项目		作业内容	技术要求
17	制动系统	盘式制动器	检查制动摩擦片和制动盘磨损量	制动摩擦片和制动盘磨损量应在标记规定或制造商要求的范围内,其摩擦工作面不得有油污、裂纹、失圆和沟槽等损伤
			检查制动摩擦片与制动盘间的间隙	制动摩擦片与制动盘之间的转动间隙符合规定
			检查密封件	密封件无裂纹或损坏
			检查制动钳	制动钳安装牢固、无油液泄漏。制动钳导向销无裂纹或损坏
18	转向系统	转向器和转向传动机构	检查转向器和转向传动机构	转向轻便、灵活,转向无卡滞现象,锁止、限位功能正常
			检查部件技术状况	转向节臂、转向器摇臂及横直拉杆无变形、裂纹和拼焊现象,球销无裂纹、不松旷,转向器无裂损、无漏油现象
19		转向盘最大自由转动量	检查、调整转向盘最大自由转动量	最高设计车速不小于100km/h的车辆,其转向盘的最大自由转动量不大于15°,其他车辆不大于25°
20	行驶系统	车轮及轮胎	检查轮胎规格型号	轮胎规格型号符合规定,同轴轮胎的规格和花纹应相同,公路客车(客运班车)、旅游客车、校车和危险货物运输车的所有车轮及其他车辆的转向轮不得装用翻新轮胎

续上表

序号	作业项目	作业内容	技术要求
20	行驶系统 车轮及轮胎	检查轮胎外观	轮胎的胎冠、胎壁不得有长度超过25 mm或深度足以暴露出帘布层的破裂和割伤以及凸起、异物刺入等影响使用的缺陷。具有磨损标志的轮胎,胎冠的磨损不得触及磨损标志;无磨损标志或标志不清的轮胎,乘用车和挂车胎冠花纹深度应不小于1.6mm,其他车辆的转向轮的胎冠花纹深度应不小于3.2mm,其余轮胎胎冠花纹深度应不小于1.6mm
		轮胎换位	根据轮胎磨损情况或相关规定,视情进行轮胎换位
		检查、调整车轮前束	车轮前束值符合规定
21	悬架	检查悬架弹性元件,校紧连接螺栓、螺母	空气弹簧无泄漏、外观无损伤。钢板弹簧无断片、缺片、移位和变形,各部件连接可靠,U形螺栓螺母拧紧力矩符合规定
		减振器	减振器稳固有效,无漏油现象,橡胶垫无松动、变形及分层
22	车桥	检查车桥、车桥与悬架之间的拉杆和导杆	车桥无变形、表面无裂痕、油脂无泄漏,车桥与悬架之间的拉杆和导杆无松旷、移位和变形

续上表

序号	作业项目	作业内容	技术要求
23	离合器	检查离合器工作状况	离合器接合平稳,分离彻底,操作轻便,无异响、打滑、抖动及沉重等现象
		检查、调整离合器踏板自由行程	离合器踏板自由行程符合规定
24	传动系统 变速器、主减速器、差速器	检查、调整变速器、主减速器、差速器	变速器操纵轻便、挡位自锁与互锁准确,无异响、打滑及乱挡等异常现象,主减速器、差速器工作无异响
		检查差速器润滑油质量及液面高度,视情更换	按规定的里程或时间更换润滑油,液面高度符合规定
25	传动轴	检查防尘罩	防尘罩无裂痕、损坏,卡箍连接可靠,支架无松动
		检查传动轴及万向节	传动轴无弯曲,运转无异响。传动轴及万向节无裂损、不松旷
		检查传动轴承及支架	轴承无松旷,支架无缺损和变形
26	灯光导线 前照灯	检查远光灯发光强度,检查、调整前照灯光束照射位置	符合 GB 7258 规定
27	线束及导线	检查发动机舱及其他可视的线束及导线	插接件无松动、接触良好。导线布置整齐、固定牢靠,绝缘层无老化、破损,导线无外露。导线与蓄电池桩头连接牢固,并有绝缘套

续上表

序号	作业项目	作业内容	技术要求
28	车架和车身	检查车架和车身	车架和车身无变形、断裂及开焊现象,连接可靠,车身周正。发动机舱盖锁扣锁紧有效。车厢铰链完好,锁扣锁紧可靠,固定集装箱箱体、货物的锁止机构工作正常
		检查车门、车窗启闭和锁止	车门和车窗应启闭正常,锁止可靠。客车动力启闭车门的车内应急开关及安全顶窗机件齐全、完好有效
29	支撑装置	检查、润滑支撑装置,校紧连接螺栓、螺母	完好有效,润滑良好,安装牢固
30	牵引车与挂车连接装置	检查牵引销及其连接装置	牵引销安装牢固,无损伤、裂纹等缺陷,牵引销颈部磨损量符合规定
		检查、润滑牵引座及牵引销锁止、释放机构,校紧连接螺栓、螺母	牵引座表面油脂均匀,安装牢固,牵引销锁止、释放机构工作可靠
		检查转盘与转盘架	转盘与转盘架贴合面无松旷、偏歪。转盘与牵引连接部件连接牢靠,转盘连接螺栓应紧固,定位销无松旷、无磨损,转盘润滑良好
		检查牵引钩	牵引钩无裂纹及损伤,锁止、释放机构工作可靠

(车架车身)

4 汽车二级维护过程检验

在二级维护过程中,要始终贯穿过程检验,并记录二级维护作业过程或检验结果,维护项目的技术要求应符合技术标准和车辆维修资料等相关技术文件规定。二级维护作业项目执行过程中要全面、自始至终实施质量检验;要做检验记录,特别是对有配合间隙、调整数据或拧紧力矩等技术参数要求的作业项目,要有检验数据记录,作为作业过程质量监督的依据。二级维护基本作业项目表中"技术要求"一栏是过程检验的技术标准。

5 汽车二级维护竣工检验

二级维护竣工检验项目及技术要求见表1-6,二级维护竣工检验应填写二级维护竣工检验记录单。

二级维护竣工检验项目及技术要求　　　　表1-6

序号	检验部位	检验项目	技术要求	检验方法
1	整车	清洁	全车外部、车厢内部及各总成外部清洁	检视
2		紧固	各总成外部螺栓、螺母紧固,锁销齐全有效	检查
3		润滑	全车各个润滑部位的润滑装置齐全,润滑良好	检视
4		密封	全车密封良好,无漏油、无漏液和无漏气现象	检视
5		故障诊断	装有车载诊断系统(OBD)的车辆,无故障信息	检测
6		附属设施	后视镜、灭火器、客车安全锤、安全带、刮水器等齐全完好、功能正常	检视
7	发动机及其附件	发动机工作状况	在正常工作温度状态下,发动机起动三次,成功起动次数不少于两次,柴油机三次停机均应有效,发动机低、中、高速运转稳定、无异响	路试或检视

续上表

序号	检验部位	检验项目	技术要求	检验方法
8	发动机及其附件	发动机装备	齐全有效	检视
9	制动系统	行车制动性能	符合 GB 7258 规定,道路运输车辆符合 GB 18565 规定	路试或检测
10	制动系统	驻车制动性能	符合 GB 7258 规定	路试或检测
11	转向系统	转向机构	转向机构各部件连接可靠,锁止、限位功能正常,转向时无运动干涉,转向轻便、灵活,转向无卡滞现象 转向节臂、转向器摇臂及横直拉杆无变形、裂纹和拼焊现象,球销无裂纹、不松旷,转向器无裂损、无漏油现象	检视
12	转向系统	转向盘最大自由转动量	最高设计车速不小于 100 km/h 的车辆,其转向盘的最大自由转动量不大于 15°,其他车辆不大于 25°	检测
13	行驶系统	轮胎	同轴轮胎应为相同的规格和花纹,公路客车(客运班车)、旅游客车、校车和危险品运输车的所有车轮及其他机动车的转向轮不得装用翻新的轮胎,轮胎花纹深度及气压符合规定,轮胎的胎冠、胎壁不得有长度超过 25 mm 或深度足以暴露出帘布层的破裂和割伤以及凸起、异物刺入等影响使用的缺陷	检查、检测
14	行驶系统	转向轮横向侧滑量	符合 GB 7258 规定,道路运输车辆符合 GB 18565 规定	检测

续上表

序号	检验部位	检验项目	技术要求	检验方法
15	行驶系统	悬架	空气弹簧无泄漏、外观无损伤。钢板弹簧无断片、缺片、移位和变形,各部件连接可靠,U形螺栓螺母扭紧力矩符合规定	检查
16		减振器	减振器稳固有效,无漏油现象,橡胶垫无松动、变形及分层	检查
17		车桥	无变形、表面无裂痕,密封良好	检视
18	传动系统	离合器	离合器接合平稳,分离彻底,操作轻便,无异响、打滑、抖动和沉重等现象	路试
19		变速器、传动轴、主减速器	变速器操纵轻便、挡位准确,无异响、打滑及乱挡等异常现象,传动轴、主减速器工作无异响	路试
20	牵引连接装置	牵引连接装置和锁止机构	汽车与挂车牵引连接装置连接可靠,锁止、释放机构工作可靠	检查
21	照明、信号指示装置和仪表	前照灯	完好有效,工作正常,性能符合 GB 7258 规定	检视、检测
22		信号指示装置	转向灯、制动灯、示廓灯、危险报警灯、雾灯、喇叭、标志灯及反射器等信号指示装置完好有效	检视
23		仪表	各类仪表工作正常	检视
24	排放	排气污染物	汽油车采用双怠速法,应符合 GB 18285 规定。柴油车采用自由加速法,应符合 GB 3847 规定	检测

七 汽车走合维护

为保证汽车的使用寿命,新车、大修车必须进行走合磨合,在走合期结束时进行一次走合维护,其作业项目和标准按汽车生产厂家的要求进行。

新车走合期结束后的维护,一般由生产厂家免费提供服务。汽车走合期的里程为1500～3000km,维护内容主要是清洁、润滑、紧固等。

1 走合前的维护

走合前维护是为了防止汽车出现事故和损伤,保证汽车顺利地完成走合期的磨合。其主要作业内容如下。

(1)清洁全车,检查全车各部位的连接情况,全车外露的螺栓、螺母必须紧固。

(2)检查、添加燃油和润滑油料。驾驶新车前,应将各润滑部位按规定加注足够的润滑脂。使用规定标号的汽油或柴油,否则会造成车辆损坏。

(3)检查、补充冷却液,排除"四漏"现象。检查补充散热器内的冷却液,排除全车的漏油、漏气、漏水和漏电现象。

(4)检查底盘的技术状况,检查变速器各挡能否正确变换;检查转向机构是否存在松旷和卡滞异响现象;检查和调整轮胎气压。发现变速器或转向系统等存在故障时,应将车开到维修厂进行维修。

(5)电气系统的检查。检查电气设备、灯光和仪表工作是否正常,并检查蓄电池观察孔状态,以及外表面是否有鼓包变形和损坏。

(6)检查制动效能。检查制动系统的性能,试车检查汽车的制动距离,检查是否有跑偏和制动拖滞现象。若不符合要求,应查明原因,及时排除。

2 走合中的维护

走合中的维护是在汽车行驶约500km时进行的,主要是对汽车各部分技术状况开始发生变化的部分进行一次及时的维护,以恢复其良好的技术状况,保证下阶段走合顺利进行。其主要作业内容如下。

(1)润滑。充分润滑全车的各个润滑点。在最初行驶30～40km时,应检查变速器、驱动桥、轮毂和传动轴等处是否发热或有异响。若发热或者有异响应查明原因,予以调整。

(2)检查。检查制动效能和各连接处制动管路的密封程度,必要时加以调整和紧固,做好总成和零部件的检查、调整工作。

(3)紧固。新车行驶150km后,需检查一次全车外部螺栓、螺母紧固情况;行驶500km时,应将前、后轮毂螺母紧固一次。有些国产汽车需要对缸盖螺栓进行紧固。在紧固时,应按规定顺序由中部开始,依次向两边对角线交叉进行或螺旋线方向进行。汽车在走合行驶过程中,要注意观察各总成的温度情况,并随时检查和排除"四漏"(漏油、漏水、漏气、漏电)。

3 走合后的维护

汽车走合期结束后,应及时将汽车送到厂家指定的维修站进行走合后的维护。这次汽车走合维护的目的,一方面是对汽车进行全面的检查、紧固、调整和润滑作业,使汽车达到良好的行驶状态;另一方面也是生产厂家对汽车售后服务的身份认定。

汽车走合后维护的主要内容是:
(1)更换润滑油、更换滤清器滤芯;
(2)检查、补充发动机冷却液;
(3)检查、调整发动机传动带松紧度;
(4)检查、校正点火正时;
(5)检查、调整发动机尾气排放;
(6)检查、调整制动系统;
(7)检查、调整离合器踏板自由行程;
(8)检查、紧固悬架和转向机构;
(9)检查整车各部分的泄漏情况并进行排除;
(10)润滑各部分铰链;
(11)检查轮胎技术状况;
(12)检查调整电气系统的技术状态。

八 汽车换季维护

汽车换季维护分为每年5月份的夏季维护和每年10月份的冬季维护。

第一章 汽车维护基础知识

1 汽车的夏季维护

高温季节,车辆因充气系数下降、润滑油黏度降低、机器零件易烧蚀和磨损、制动性能变差,驾驶人因高温易困,道路因行人增多、雨水打滑等原因易造成车辆受损,事故增多。所以,做好夏季车辆的维护,保持车辆性能是一项十分重要的工作。在进入高温季节时,应对汽车全车进行一次必要的技术检查和调整,其维护的主要内容见表1-7。

汽车夏季维护项目表　　　　　　　　　　表1-7

序号	维护项目	作业内容	技术要求
1	冷却系统	风扇传动带的松紧度;散热器盖上的通风口和通气口是否畅通;检查冷却液量是否充足;节温器的工作性能等;清除发动机内和散热器内水垢	风扇传动带松紧度正常;通风口畅通;冷却液充足;节温器工作性能良好
2	润滑系统	更换夏季用润滑油(冬夏通用的多级润滑油可不换),检查润滑油数量和质量;更换润滑油滤芯、主减速器和变速器中换用夏季用齿轮油,轮毂轴承换用滴点较高的润滑脂	润滑油数量和质量正常;齿轮油和润滑脂符合规定
3	轮胎	检查、调整轮胎气压;检查轮胎磨损程度;是否有异物等	调整至标准气压;轮胎检查状态正常
4	防止爆震	更换燃油标号;调整点火提前角	更换标准燃油;调整到合适的点火提前角
5	蓄电池	检查电解液液面高度;检查通气孔是否堵塞,检查电解液密度	高度正常;通气孔畅通;电解液密度正常
6	制动系统	更换制动液;检查液面高度;检查橡胶软管	液面高度正常;橡胶软管无裂纹

2 汽车的冬季维护

进入冬季时,北方环境温度可降至 -20℃ ~ -30℃,润滑油和齿轮油都应更换为低黏度,以减少机件磨损,方便车辆起动。对汽车的检查与维护也是十分必要的,其主要内容见表1-8。

汽车冬季维护项目表　　　　　　表1-8

序号	维护项目	作业内容	技术要求
1	更换各种油液	更换润滑油;更换齿轮油和润滑脂	各种更换的油液符合冬季车辆运行要求
2	冷却系统	检查节温器;清洗水套;清除水垢;加注防冻液	保证冷却系统性能良好,无腐蚀、堵塞现象
3	轮胎	检查、调整轮胎气压;检查轮胎磨损程度;是否有异物等	调整至标准气压;轮胎检查状态正常
4	电气设备	调整电解液密度;调高发电机充电电压;维护起动机;给蓄电池保温	电解液密度正常;发电机充电电压调高0.6V;起动机性能好;蓄电池各种温度正常
5	预热系统	检查维护其电路和油路	确保预热系统工作正常
6	制动系统	更换制动液;检查油水分离器	制动液符合冬季运行保障;排出油水分离器内水分
7	点火系统	检查火花塞	视情况更换

九 丰田汽车维护制度

丰田汽车维护分为 5000km 新车检查维护、10000km 新车检查维护和定期维护项目。定期检查维护分为 1.5 万 km 或 18 个月检查维护、2 万 km 或 24 个月检查维护、3 万 km 或 36 个月检查维护和 4 万 km 或 48 个月的检查维护项目等。根据车辆的行驶里程和时间(以先到为准)进行相应的检查和维护,并填写相应的工作单,见表 1-9。

丰田汽车维护记录　　　　　　　　表 1-9

10000km 新车检查项目					
检查后状态良好	√	检查后更换	R	■	不需要接受检查的项目
检查后清洗	C	检查后调整/紧固/修理/加油	×	□	需要接受检查的项目
				*	按时间追加检查的项目

	发动机基本部件		动力转向液
■	正时齿形带	□	转向盘、连杆和转向机
■	气门间隙	■	传动轴套
■	传动带	□	球头和防尘罩
□	机油	□	手动变速器油
□	机油滤清器	□	自动变速器油
■	冷却和加热系统	□	混合动力传动桥液
□	发动机冷却液	□	差速器油*
■	排气管和装配件*	□	前后悬架装置
■	变换器冷却液	□	轮胎和充气压力
□	点火系统	□	灯光、喇叭、刮水器和清洁器
■	火花塞	□	空调滤清器
□	蓄电池	■	后部空调滤清器
■	燃油和排气控制系统	□	空调制冷剂的量*
■	燃油滤清器		转向节,转向直拉杆,中间转向臂和转向传动杆
□	空气滤清器	□	系统润滑脂(仅限COASTER)
■	加油口盖、燃油管、接头和燃油蒸气控制阀	□	传动轴润滑脂(仅限SUV)
■	活性炭罐	□	车轮轴承润滑脂和球头润滑脂*(转向节与球头一体车型)
	底盘和车身	□	水沉淀(仅限COASTER柴油机)
■	离合器踏板	□	前悬架臂轴套润滑脂(仅COASTER)*
□	制动踏板和驻车制动器		
□	制动摩擦片和制动毂*	*发动机机油、机油滤清器的费用由客户自行承担。	
□	制动摩擦块和制动盘		
□	制动液	行驶距离＿＿＿＿＿＿＿＿＿＿km	
□	离合器油液	定期检查维护日期＿＿＿＿＿年　月　日	
■	制动管路和软管*	定期检查维护人员姓名＿＿＿＿＿＿＿＿ 下次建议维护里程(或时间)＿＿＿＿＿＿	

丰田汽车的检查维护方法是根据9个不同的位置进行的,力争使汽车在不同的位置进行最合理的检查维护项目,以达到最佳的效果和效率,见表1-10。

丰田汽车检查维护项目流程 表1-10

序号	汽车位置	检查项目
1		车灯(驾驶人位置)、风窗玻璃刮水器、风窗玻璃喷水器、喇叭、驻车制动器、制动器踏板、转向盘、门控灯开关、车身的螺栓和螺母、加油口盖、悬架、车灯、备用轮胎、空调滤清器
2		检查、紧固、润滑转向系统各拉杆球节
3		排放发动机润滑油、液力传动油(ATF),检查驱动轴护套、转向连接机构、动力转向液、制动管路、燃油管路、排气管和安装件、车辆下螺母和螺栓、悬架,更换机油滤清器、机油排放螺塞、润滑脂(参考)
4		拆卸车轮、轮胎、盘式制动器、鼓式制动器
5		补充制动液
6		更换制动液、临时安装车轮
7		加注发动机润滑油、发动机冷却液,检查散热器盖、传动带、火花塞、蓄电池、制动液液面高度、制动管路、离合器液液面高度、更换空气滤清器,检查炭罐、前减振器上支撑,添加

续上表

序号	汽车位置	检 查 项 目
7		喷洗液,紧固车轮螺栓,检查PCV系统、ATF,检查空调性能,检查动力转向液液面高度,检查气门间隙,更换燃油滤清器
8		复查检查
9		清洁车辆、路试

十 大众汽车维护制度

以上汽大众2015款新朗逸1.6L豪华款车型为例,其定期维护的周期及内容见表1-11。

上汽大众2015款新朗逸定期维护项目及内容(周期:10000km)　表1-11

内　　容	目　　标
示廓灯、近光灯、远光灯、前雾灯、转向灯、危险警告灯、后雾灯、制动灯、倒车灯、车牌灯和倒车雷达等	检查车辆前后灯光功能是否正常
车内照明器、点烟器、喇叭、天窗、中控电动玻璃升降器、电动后视镜、暖风空调系统、收音机、安全气囊	检查室内电器及其他设备各功能是否正常

续上表

内　　容	目　　标
一是读取故障码,便于识别汽车使用过程中出现的故障,对出现故障系统进行有目的的更换和维修;二是在所有维护和维修结束后,复位自诊断系统,用以记录自此维修后出现的故障	正确读取故障信息,记录故障信息和删除故障码
冷却液液位、冷却液管路、冷却液冰点和冷却系统有无泄漏	冷却系统正常
制动液液位、制动系统管路及接头、真空管路及接头、燃油管路及接头、电器线路及接头、机油液位等	发动机舱内管路检查主要是检查各种线束固定是否牢固,管路有无损伤泄漏
蓄电池正负极端子安装情况、蓄电池电量和蓄电池状态等	检查蓄电池表面有无污损、氧化、漏液、腐蚀;双手晃动蓄电池,检查蓄电池安装是否牢固
刮水器喷水挡、间歇挡、低速挡、高速挡、点动挡工作情况、刮水片、排水槽和刮水器静态位置	检查各挡位工作情况是否正常;检查中,要注意检查前后刮水器定位点;是否有异物堵住出水口
油箱盖盖板弹起和关闭功能是否正常;锁止限制器是否正常	油箱盖各项功能正常
检查行李舱灯、行李舱铰链、行李舱锁扣和随车工具;备胎检查内容主要包括轮胎花纹深度、有无异常磨损、胎压和漏气等	行李舱功能和随车工具齐全正常;备胎状态正常
门控灯、限位器、固定销、门锁、儿童锁和一键升降功能;安全带指示灯、外观和功能等	车门功能及安全的功能正常

续上表

内　容	目　标
驻车制动器的功能仪表提示状态	驻车制动器驻车功能正常提示功能正常
轮毂空隙间隙过小会使滚动阻力增大;间隙过大,不仅会使车轮歪斜,而且会使制动鼓歪斜失正并与制动摩擦片接触,增大耗油量	轮毂空隙与轮毂运转噪声正常
检查发动机底部和变速器有无漏油	发动机底部和变速器位置处应无漏油痕迹
更换润滑油和滤芯	按标准要求完成符合规定的润滑油
检查多楔传动带张紧度是否正常;检查传动带有无损坏;检查多楔传动带有无裂纹、变形、脱层和过度磨损	在检查中如果发现上述情况,必须更换传动带
检查并紧固左、右副梁与车身螺栓;左、右副梁与摆臂衬套螺栓;摆动支架与变速器支架螺栓;副梁与转向机固定螺栓;左右侧后桥支架与车身连接螺栓;左右侧后桥支架与桥梁连接螺栓	螺栓没有损坏和弯曲,力矩符合规定要求,若不符合需要调整
连接杆、稳定杆、转向横拉杆、制动管路和软管、燃油管路和滤清器等	检查管路是否受损,泄漏,部件不应该存在损伤;连接应无间隙、连接牢固
检查轮罩内衬板、减振弹簧和减振器	衬板应无损坏,检查减振弹簧无变形、断裂,减振器无漏油现象
轮胎表面,轮毂内、外侧,轮胎气压、气门嘴、轮胎花纹	轮胎表面有异常磨损;轮毂内、外侧面无损伤;平衡块安装牢固

第二节 汽车运行材料

在汽车维护的清洁、检查、紧固、润滑、调整和补给六大作业中,清洁、润滑和补给作业与汽车运行材料的选用密切相关,相关运行材料选用的正确与否将直接影响汽车维护作业的成败和维护质量的好坏。例如,若发动机润滑油选用不当,会加快发动机的磨损,缩短发动机的大修间隔里程,严重时会引起发动机的拉缸和抱曲轴等故障,直接降低发动机使用寿命;自动变速器使用性能的好坏和寿命的长短取决于自动变速器液力传动油的正确选用和适时更换,若选用不当或更换不及时将导致自动变速器过早损坏;在南方夏季,轿车和旅行大客车等高速车辆如果选用DOT3、DOT4或JG0、JG1、JG2等低沸点、易吸潮的制动液,在高速行驶且紧急制动时,易引起制动液立刻沸腾而产生气阻,从而导致制动失灵,造成车毁人亡。所以,作为汽车专业维修人员要了解汽车各种运行材料的品牌、规格和型号等技术要求,必须正确掌握选用、更换各种汽车运行材料的方式和方法。

一、燃油

1 汽油

① 汽油的标号

目前,我国市面上的常用无铅汽油分为89号、92号、95号等标号,它们是按照研究法辛烷值的大小来划分的。各种不同标号的汽油除了抗爆性不同外,其他性能如清洁性、杂质是一样的,属于同一档次的油。辛烷值是汽油的重要指标,汽油的标号越高其辛烷值就越高,汽车发动机的抗爆性就越强。但不是所有的车辆都适合高标号的汽油,需要根据汽车发动机的压缩比合理选择。现在的汽油标号分为89、92、95、98,共4种,一般来说92号汽油是经济型汽车多采用的标号,95号和98号适用于中高档汽车使用。

② 汽油的选用

选用汽油标号的总的原则是不使发动机产生爆燃。为此,应依据以下几点要求选用汽油。

(1)依据汽车生产厂家规定选用汽油。在随车提供的汽车使用说明书中一般都有明确的规定和说明,所以依据使用说明书规定选用汽油是最常用的方法。另外,绝大多数汽车在油箱加注口上有车辆加注燃油的标号要求,如图1-4所示。

(2)依据发动机压缩比的高低选用汽油。压缩比越高发动机越易产生爆燃,因此,高压缩比的发动机不能选用低标号的汽油,否则容易产生爆燃。低压缩比的发动机可选用高标号的汽油,但不经济。一般建议:发动机压缩比低于8.5的,加89号或92号汽油;发动机压缩比在8.5~9.0的,加92号或95号汽油;发动机压缩比在9.0~9.5的,加95号汽油;发动机压缩比高于9.5的,则应加98号汽油。此外,发动机为涡轮增压的,建议尽量使用高品质的98号汽油。发动机压缩比与选用汽油牌号见表1-12。

图1-4 汽车燃油标号要求

发动机压缩比与选用汽油牌号　　　　　表1-12

汽油机压缩比	$\varepsilon<8.5$	$8.5<\varepsilon<9.0$	$\varepsilon>9.0$
汽油牌号	89、92	92、95	95、98
适用车型	一般货车、客车	一般轿车	高级轿车

(3)依据汽车的使用条件选用汽油。经常处于大负荷、大转矩、低转速状况下使用的汽油车,容易产生爆燃,应选用较高标号的汽油(与在正常使用条件下的汽车相比);高原地区由于气压低,空气稀薄,汽缸充气性差,汽油机工作时爆燃的倾向减小,可适当降低汽油的标号。实践表明,海拔每上升100m,汽油辛烷值可降低约0.1个单位。

❸ 汽油的使用注意事项

(1)根据使用汽油的标号不同对发动机有关系统进行适当调整。当汽油机使用辛烷值低于规定标号的汽油时,应调小点火提前角,以免发生爆燃。如果在平地或稳速行驶中,仍能听到持续的爆燃声,应检查调整的效果、汽油的品质和发动机的压缩比等内容。

如果在加速中或在爬坡行驶中,在较短的时间内,听到一些轻微的爆燃声,但过后能消失,则属正常现象。

(2)根据海拔高度调整有关参数。根据汽车行驶地区的海拔高度,及时调整点火提前角的大小等参数。汽车从平原(或高原)行驶到高原(或平原)后,应及时将点火角适当提前(或推迟)一些。

目前大多数的汽车发动机都装有爆震传感器,用来感测发动机运转情况,当发动机发生爆震时传感器将信号传输给发动机控制单元,发动机控制单元可根据信号状态适时调整点火提前角,确保发动机运转正常。

(3)预防供油系统产生"气阻"。汽车在炎热夏季或高原、高山地区行驶时,应选用隔热物将汽油泵和输油管隔开,尽量减少输油管道的弯角,并加强发动机舱内的通风,以防产生气阻。如已产生气阻,则选择通风处停车,并在汽油泵、输油管和进气管等处敷湿毛巾等使其自然降温。

(4)应及时清除积炭、漆膜等物体。在维修发动机时,维修人员要彻底清除进气管、进排气门和燃烧室等处的积炭和漆膜等,以防因这些物质的隔热作用而导致发动机产生"早燃"或"爆震"现象。

(5)防止油箱、输油管路等处胶质的产生。油箱内要经常装满汽油,尽量减少油箱中的空气量,保持蒸气空气阀的开闭自如,以免产生胶质而堵塞油道、量孔和喷油器等。

图1-5 使用汽油时的安全注意事项

(6)在维修车辆时,严禁使用汽油清洗汽车零部件,以免发生火灾。

(7)汽油是易燃易爆物品,其蒸气与空气混合达到一定的比例后,一遇火星就会着火,甚至爆炸。运输、维修企业内,暂时储存装卸汽油时,应严格防火、防爆,如图1-5所示。

2 柴油

1 柴油的标号

按凝点将柴油分为5号、0号、-10号、-20号、-35号和-50号6个标号。0号柴油表示其凝点不高于0℃,其余以此类推。这样,便可以根据地域和季节的气温不同来加以选用。

2 柴油的选用

(1)根据使用地区风险率为10%的最低气温选择柴油牌号。我国各地区某月风险率为10%的最低气温值,表示该月中最低气温低于该值的概率为0.1。掌握本地区风险率为10%的最低气温,不仅是选择柴油牌号的依据,也是选择发动机油、车辆齿轮油和制动液的依据。各种柴油的适用范围见表1-13。

第一章 汽车维护基础知识

各种柴油的适用范围 表1-13

序号	柴油标号	适用最低气温(℃)	适用季节或地区
1	5	8	我国热带地区全年使用
2	0	4	适用全国夏季以及华南地区全年使用
3	-10	-5	我国华中、华东地区冬季使用
4	-20	-14	我国华北部分地区冬季使用
5	-35	-29	严寒地区,如我国东北、西北地区冬季使用
6	-50	-44	高寒地区,如我国内蒙古、黑龙江北部地区

(2)在气温允许的情况下,应尽量选用高牌号的柴油,做到既经济又实用。

(3)对于季节气温变化较大的地区,如黑龙江、新疆、内蒙古等,应特别注意季节、气温变化对用油的影响,及时改变用油牌号,防止因柴油不能供往汽缸而使汽车失去行驶能力。

3 柴油的使用注意事项

(1)保持柴油的清洁,以免损伤喷油泵、喷油器中的精密偶件。柴油在使用之前,要经过长时间的沉淀和过滤,以防机械杂质的混入。在加注时,应保持储油容器和加油工具的清洁。

(2)可以混用不同标号的柴油。根据不同季节气温适当调配不同标号的柴油掺兑使用,可降低柴油的凝固点,从而提高流动性。但要注意掺兑后的凝点不是两种标号柴油的平均值,要比两者平均值稍高一些。例如-10号和-20号各掺一半,掺兑后所得柴油凝点不是-15℃,而是高于-15℃,掺兑时应注意搅拌均匀。

在冬季缺乏低凝点柴油时,也可在0号柴油里掺入40%的裂化煤油(航空煤油),可获得-10号柴油。

(3)汽油与柴油不能掺兑使用,如图1-6所示。因为汽油的燃点较高,柴油中若掺入汽油,燃烧性能将显著变差,导致起动困难,甚至不能起动。汽油进入汽缸还会冲刷汽缸润滑油膜,加速汽缸的磨损。

(4)选用品质好的柴油。选用柴油时,应尽量选用优级品或一级品(硫的质量分数分别不大于0.2%和0.5%),以减少柴油机各精密偶件的腐蚀磨损。

图1-6 柴油和汽油不能掺兑

3 LPG

1 LPG的含义

液化石油气是石油产品的一种,英文名称为Liquefied Petroleum Gas,简称LPG,是由炼厂气或天然气加压、降温、液化得到的一种无色、挥发性气体。由炼厂气所得的液化石油气,主要成分为丙烷、丙烯、丁烷、丁烯,同时含有少量戊烷、戊烯和微量硫化合物杂质;由天然气所得的液化气的成分基本不含烯烃。

2 LPG的指标

液化石油气主要用作石油化工原料,用于烃类裂解制乙烯或蒸气转化制合成气体,可作为工业、民用、内燃机燃料。其主要质量控制指标为蒸发残余物和硫含量等,有时也控制烯烃含量。

3 LPG的优点

LPG与其他燃料比较,具有以下独特的优点:

(1)污染少。LPG是由C3(碳三)、C4(碳四)组成的碳氢化合物,可以全部燃烧,无粉尘。在现代化城市的公交车辆中应用,可大幅度减少对环境的污染。

(2)发热量高。同样质量的LPG的发热量相当于煤的2倍,液态发热量可达到$45.185 \sim 45.980 kJ/m^3$。

(3)运输容易。LPG在常温常压下是气体,在一定的压力下或冷冻到一定温度后可以液化为液体,可用火车(或汽车)槽车、LPG船在陆上和水上运输。

(4)压力稳定。LPG车辆供气管道中的LPG在形成可燃混合气前压力稳定,使用方便安全。

（5）储存设备简单，供应方式灵活。与城市煤气的生产、储存及供应情况相比，LPG 的储存设备比较简单，既可用 LPG 储罐储存，又可装在车载气瓶里供车辆使用，也可通过配气站和供应管网，实行管道供气。

4 使用注意事项

（1）LPG 燃料汽车的结构组成，除保留多点顺序燃油喷射发动机的原有部件外，还要注意需加装钢瓶、气量表、组合阀、管道、转换开关、蒸发调压器、燃气喷射阀、电磁阀和控制器等组件。

（2）LPG 是一种易燃易爆物品，当其在空气中的含量达到一定浓度时，遇明火即爆炸。因此，要注意通风，在加气和维护时要杜绝明火。

发动机润滑油

发动机润滑油俗称机油，如图 1-7 所示。目前市场上供应的发动机润滑油品牌既有国产的又有进口的，品种较多。如国产品牌有：长城、南海、飞天、海牌和七星等，进口品牌有：壳牌、美孚、嘉实多、雪铁戈、埃索、埃尔夫、艾德隆及 BP 等。一般情况下，汽油机和柴油机采用不同的润滑油，汽油机使用汽油机润滑油，柴油机采用柴油机润滑油。但现在市场上供应的通用润滑油，既可以用于汽油机，也可以用于柴油机。

润滑油的主要作用有：润滑、冷却、密封、防腐和传递动力等。

现代润滑油必须满足一系列远远超出原本润滑功能的相关要求。主要要求包括：较高的耐磨性和降低摩擦、有利的黏温特性、较强的防沉积能力、

图 1-7 发动机润滑油

较强的清洁和中和能力、较高的耐热性、较高的耐氧化性和耐老化性、不易蒸发、有利的泡沫特性、较高的防腐性、较高的可混合性/相溶性、较高的导热性和较好的冷却能力、不易形成燃烧残留物并可存放较长时间。

1 发动机润滑油的分类

我国发动机润滑油的牌号是按照润滑油的使用性能和黏度等级的两种分类

方法来划分的,是参照美国汽车工程师协会(SAE)和美国石油协会(API)的分类标准制定的。

❶ 按黏度分类

目前我国发动机润滑油黏度分类是参照美国汽车工程师协会《发动机润滑油黏度分类》(SAE J300—1987)的标准确定。国产发动机润滑油的黏度等级,分为0W、5W、10W、15W、20W、25W和8、12、16、20、30、40、50、60等。该分类标准包括含字母"W"和不含字母"W"两组黏度等级系列。

含字母"W"等级系列与低温起动有关,其数值越小,低温情况下润滑油液流特性越好。润滑油经过发动机的速度越快,损耗越小。

不含字母"W"等级系列表示高温范围内的润滑油液流特性。即使在高温情况下,油膜在发动机内也会保持稳定状态且不会脱落。该数值越高,润滑油膜承受负荷的能力越强。此时基准温度为100℃。

❷ 按使用性能分类

按使用性能分类法,汽油发动机润滑油分为SC、SD、SE、SF、SG、SH、SL、SM、SN,柴油发动机润滑油分为CD、CD-Ⅱ、CE、CF-4(带"4"的适合涡轮增压柴油发动机)、CG-4、CH-4、CI-4、CJ-4和CK-4。级别越高,润滑油的品质越好。

2 发动机润滑油的选用方法

选择合适的发动机润滑油是保证发动机正常工作、延长其使用寿命的重要条件。发动机润滑油的选择应遵循一定的原则,即应兼顾使用性能级别和黏度级别两个方面。首先应根据发动机结构特点、发动机工况和技术状况,确定其合适的使用性能级别,然后再根据发动机使用的外部环境温度,选择其黏度等级。

发动机润滑油的黏度既要保证发动机在低温时易于起动,而在发动机温度升高后又能维持足够的黏度确保具有正常的润滑效果。从工况方面考虑,重载低速高温下,应选择黏度较大的发动机润滑油;轻载高速的汽车发动机应选择黏度较小的发动机润滑油。

三 润滑脂

润滑脂是将稠化剂掺入液体润滑剂中制成的一种稳定的固体或半固体润滑产品。在不宜用液体润滑剂的部位使用润滑脂,可起到润滑抗磨、密封防护等作用。例如,汽车的轮毂轴承、各拉杆球头、传动轴万向节等处,均使用润滑脂,如图 1-8 所示。

图 1-8　润滑脂

1 润滑脂的分类及选用

润滑脂的种类有:钙基润滑脂、钠基润滑脂、钙钠基润滑脂、通用锂基润滑脂、汽车通用锂基润滑脂、极压锂基润滑脂和石墨钙基润滑脂等。各种润滑脂的特性及适用范围见表 1-14。

各种润滑脂的特性及适用范围　　　　表 1-14

品　　种	特　　性	适 用 范 围
钙基润滑脂	抗水性好,耐热性差,使用寿命短	使用温度范围为 -10~60℃,适用于汽车轮毂轴承、底盘拉杆球节、水泵轴承、分电器凸轮等部位
钠基润滑脂	耐热性好,抗水性差,有较好的极压减磨性能	使用温度可达 120℃,只适用于低速高负荷轴承,不能用在潮湿环境或水接触部位
钙钠基润滑脂	耐热性、抗水性介于钙基和钠基润滑脂之间	使用温度不高于 100℃,不宜在低温下使用,适用于不太潮湿条件下的滚动轴承,如底盘、轮毂等处的轴承

续上表

品　　种	特　　性	适 用 范 围
复合钙基润滑脂	较好的机械稳定性和胶体稳定性，耐热性好	适用于较高温度及潮湿条件下润滑大负荷工作的部件，如汽车轮毂轴承等处的润滑，使用温度可达150℃左右
通用锂基润滑脂	良好的抗水性、机械稳定性、防锈性和氧化稳定性	适用于-20~120℃温度范围内各种机械设备的滚动轴承和滑动轴承及其他摩擦部位的润滑，是一种长寿命通用润滑脂
汽车通用锂基润滑脂	良好的机械稳定性、胶体稳定性、防锈性、氧化稳定性、抗水性	适用于-30~20℃下汽车轮毂轴承、水泵、发电机等各摩擦部位润滑，国产和进口车辆普遍推荐用该润滑脂
极压锂基润滑脂	有极高极压抗磨性	适用于-20~120℃下高负荷机械设备的齿轮和轴承的润滑，部分国产和进口车型推荐使用
石墨钙基润滑脂	良好的抗水性和抗碾压性能	适用于重负荷、低转速和粗糙的机械润滑，可用于汽车钢板弹簧、半挂车铰接盘、起重机齿轮转盘等承压部位

2 润滑脂的选用注意事项

选用润滑脂时，其性能指标除了应具备适当的稠度、良好的高低温性能以及抗磨性、抗水性、防锈性、防腐性和稳定性等基本条件外，还应注意以下几点。

❶ 尽量使用汽车通用锂基润滑脂

汽车通用锂基润滑脂，外观发亮，呈奶油状，滴点高、使用温度范围广，并具有良好的低温性、抗减磨性、抗水性、抗腐蚀性和热氧化稳定性等,是目前汽车最常用的一种多效能的润滑脂。

❷ 清理润滑部位

保证油脂枪清洁,加注润滑脂时应特别注意,通过油嘴注入时应擦净油嘴,从油脂枪中先挤出少许润滑脂并抹掉。更换油脂时,在涂脂前必须用有机溶剂洗净零部件表面并吹干,然后重新加注润滑脂。更换润滑脂时,要注意不同种类的润滑脂不能混用,即使是同类的润滑脂也不可新旧混合使用。因为旧润滑脂含有大量的有机酸和机械杂质,会加速新润滑脂的氧化,所以在换润滑脂时,一定要把旧润滑脂清洁干净,才能加入新润滑脂。

❸ 用量适当,不宜过多

轮毂轴承的润滑是汽车上最为重要的润滑作业。更换轮毂轴承润滑脂时,应只在轴承的滚珠或滚柱之间塞满润滑脂,而轮毂内腔采用"空毂润滑",即在轮毂内腔表面仅涂上薄薄一层润滑脂起到防锈作用即可。这样利于散热,并可降低润滑脂的工作湿度,防止润滑脂稀化流淌。不要采用"满毂润滑",即把润滑脂填满整个轮毂内腔,这样既不科学,又很浪费,甚至在汽车频繁制动和制动时间过长的情况下,可能会因轮毂过热而使润滑脂流淌到制动摩擦片表面而引起打滑,使制动失灵,造成车毁人亡。

四 齿轮油

齿轮油是润滑油的一种,如图1-9所示。

❶ 齿轮油的分类

(1)国外汽车齿轮油的分类方法有两种,一种是按SAE(美国汽车工程师协会)分类法划分为70W、75W、80W、85W、90、140、250共7个黏度级。带"W"字样的为冬季用齿轮油,它是根据齿轮油黏度达到150Pa·s的最高温度和100℃时的最小运动黏度两项指标划分的。不带"W"字样的为夏季用齿轮油,它是根据100℃时的运动黏度范围划分的。另外,还有多级齿轮油,如80W/90、85W/90

图1-9 齿轮油

等。另一种是按 API（美国石油协会）分类法及工作条件的苛刻程度划分为 GL-1、GL-2、GL-3、GL-4、GL-5 和 GL-6 共 6 个等级。

近年来，随着汽车技术的不断发展，许多汽车制造商对汽车齿轮油的要求超过这些技术规范。因此，SAE 和 ASTM（美国材料试验协会）建议用新的等级表示，即 MT-1 和 PG-2。其中 MT-1 是机械变速器用油，它的质量高于 GL-4，改善了热氧化稳定性、清洁性、抗磨性及与密封材料的配伍性。PG-2 质量要求比 GL-5 高，用于驱动桥润滑。

（2）目前国内汽车齿轮油的分类方法也有两种，一种是根据标准《汽车齿轮润滑剂黏度分类》（GB/T 17477—2012）的黏度分类方法，具体见表 1-15。另一种是按使用性能分类，分为 CLC、CLD、CLE 三类，其中 CLC 相当于普通车辆齿轮油，CLD 相当于中负荷车辆齿轮油，CLE 相当于重负荷车辆齿轮油，分别与 API 车辆齿轮油使用性能分类中的 GL-3、GL-4、GL-5 相对应。

我国汽车齿轮油的黏度分类　　　　表 1-15

黏 度 等 级	最高温度^a（黏度达到 150000mPa·s）/℃	运动黏度^b（100℃）/（mm^2/s），最小^c	运行黏度^b（100℃）/（mm^2/s），最大
70W	−55^d	4.1	—
75W	−40	4.1	—
80W	−26	7.0	—
85W	−12	11.0	—
80	—	7.0	<11.0
85	—	11.0	<13.5
90	—	13.5	<18.5
110	—	18.5	<24.0
140	—	24.0	<32.5
190	—	32.5	<41.0
250	—	41.0	—

我国汽车齿轮油的适用级别与 API 分类对应的关系见表 1-16。

我国汽车齿轮油的适用级别与 API 分类对应的关系　表1-16

我国齿轮油	普通齿轮油	中负荷齿轮油（GL-4）	重负荷齿轮油（GL-5）
API 分类号	GL-3	GL-4	GL-5

2 齿轮油的选用

通常按照汽车使用说明书的规定选择与该车型相适应的齿轮油的黏度级及使用级标号,还可参照下列原则选用齿轮油。

1 根据当地季节气温选择齿轮油的黏度级别

应对照当地季节最低气温适当选用齿轮油的黏度级别。近年来,由于进口品牌的齿轮油在国内大量生产并销售,国内市场上出售的齿轮油基本上都使用国际标准的标号,即 SAE 黏度分级标号和 API 质量分级标号。按照国际标准为汽车选用齿轮油就可以满足汽车使用齿轮油的各项技术要求。

2 根据齿轮类型和工况选择齿轮油的使用性能级别

对于一般工作条件下的螺旋锥齿轮主减速器、变速器和转向器等总成可选择普通车辆齿轮油;对于双曲面圆弧齿轮主减速器,必须根据工作条件选用中等负荷车辆齿轮油或重负荷车辆齿轮油。

3 齿轮油选用注意事项

(1)不能混淆齿轮油和发动机润滑油的 SAE 黏度级别。在润滑油黏度级别分类标准中为避免相互混淆,把高的分级标号用在齿轮油上,而把低的分级标号用在发动机润滑油上。但旧牌号的齿轮油分级号较低,此时应注意,齿轮油和发动机润滑油的黏度级别并无联系,同型号不能互用。切不可将齿轮油当成发动机润滑油使用,否则发动机将会发生拉缸、抱曲轴等严重机械故障。

(2)应分清齿轮油的种类和使用级别。准双曲面齿轮啮合轮齿间的挤压力非常大,普通齿轮油无法保持足够的润滑油膜,如果在其间使用了普通齿轮油,准双曲面齿轮将很快损坏,所以,绝不能用普通齿轮油代替准双曲面齿轮油。也不可随意用准双曲面齿轮油替代普通齿轮油,否则,会造成各啮合齿轮的腐蚀性磨损和不必要的经济损失。应根据齿轮传动的特点及齿轮工作的苛刻条件,选用使用性能级别合适的齿轮油。

（3）不能错误地认为齿轮油的黏度级别越高其润滑性能就越好。若使用黏度标号太高的齿轮油，则会出现供油不及时、润滑不可靠、运动阻力加大、油耗激增，特别是对高速轿车影响更大，所以，应尽可能选用合适的多黏度级齿轮油。

（4）用油量要适当，油面高度应合适。用油量应适当，不要过多也不要过少。过多不仅增加搅油阻力和燃料消耗，而且齿轮油容易经后桥壳窜入制动鼓（如果密封不良）造成制动失灵；过少会使润滑不良，温度过高，加速齿轮磨损。齿轮油油面高度一般与变速器、驱动桥壳上的观察螺塞孔下缘平齐即可。应经常检查各齿轮油箱是否渗漏，并保持各油封、衬垫完好无损。

（5）要按时换油，合理用油。应按规定换油指标换用新油，无油质分析手段时，可按规定期限换油。汽车制造厂推荐的换油周期一般为30000～48000km。换油时，应趁热放出旧油，并将齿轮和齿轮箱清洗干净后方可加入新油。加新油时，应防止水分和杂质混入。齿轮油的使用寿命较长，如果使用单黏度级齿轮油，则在换季维护时根据季节气温换用合适的黏度标号即可。放出的旧油如不到换油期限，可在下次换油时添加使用。旧油应妥善保管，严防水分、机械杂质和废油污染。

（6）齿轮油使用禁忌。在使用中，严禁向齿轮油中加入柴油等进行稀释，也不要因影响冬季起步而烘烤后桥、变速器等总成，以免齿轮油严重氧化变质。如果出现这种情况，应换用低黏度的多级齿轮油。

五 液力传动油

液力传动油又称自动变速器油（Automatic Transmission Fluid），简称ATF，是指专门用于自动变速器（AT）和无级变速器（CVT）等的集润滑油、液力传递、液压控制功能于一身的特殊油液，如图1-10所示。ATF对自动变速器的工作、使用性能以及使用寿命都有着非常重要的影响。汽车自动变速器维护的主要内容就是对ATF的检查和更换。

图1-10　液力传动油

1 液力传动油的分类

（1）国外液力传动油的分类多采用美国ASTM

和 API 共同提出的 PTF(Power Transmission Fluid)使用分类法,将 PTF 分为 PTF-1、PTF-2 和 PTF-3 等三类。其规格及适用范围见表 1-17。

液力传动油使用分类 表 1-17

分类	符合的规定	适用范围
PTF-1	通用汽车公司 GM DEXRON Ⅱ,福特汽车公司 FORD M2C33-F,克莱斯勒 CHRYSLER MS-4228	轿车和轻型货车液力传动油
PTF-2	通用汽车公司 GM Track、Coach,阿里林 AllisonC-2、C-3	重型货车和越野汽车液力传动油
PTF-3	约翰迪尔 John Deere J-20A,福特 FORD M2C1A,玛赛·费格森 Mqssey-Ferguson M-1135	农业和建筑机械液力传动油

(2)国产液力传动油的分类按 100℃运动黏度将液力传动油分为 6 号和 8 号两种。其与国外液力传动油的基本对应关系见表 1-18。

液力传动油的分类标准 表 1-18

国外分类	国内分类	应用范围
PTF-1	8 号	轿车、轻型货车液力传动油
PTF-2	6 号	越野汽车、载货汽车、工程机械
PTF-3		农业和建筑野外机械

❷ 液力传动油的选择与使用

❶ 液力传动油的选择

按车辆使用说明书的规定,选用适当品种的液力传动油。轿车和轻型货车应选用 8 号油,进口轿车要求用 GMA 型、A-A 型或 Dexron 型自动变速器油的均可用 8 号油代替。重型货车、工程机械的液力传动系统则应选用 6 号油。

2 液力传动油的使用注意事项

(1)注意保持 ATF 的正常工作温度。油温过高,易变稀、变质,油压降低,使离合器打滑;油温过低,油压变高,时滞过长,使自动变速器换挡不及时。

(2)应经常检查 ATF 的液面高度。ATF 的液面高度检查,分为冷态检查(不行车、不走挡)和热态检查(行车后或停车走挡)两种。检查时要求车辆停在平地上,在发动机达到正常工作温度后进行。此时油平面应分别在 ATF 油标尺的冷态上、下两刻线或热态上、下两刻线之间,不足时及时添加。若油面过低,则油压不足而打滑;若油面过高,产生气泡,则同样打滑。

(3)按车辆使用说明书的规定更换 ATF。通常每行驶 10000km 应检查油面高度一次,每行驶 30000km 应更换油液。应尽量避免人工换油,多采用机器换油。

(4)注意观察 ATF 的品质情况。在检查油面高度和换油时,检查油质、颜色、气味和杂质等情况,确认 ATF 是否因打滑或过热等原因变质。现在常用的 GM 系列 DexronⅡATF 一般染成红色,油质清澈纯净,如颜色变黑、有烧焦味且含有杂质等时,则予以更换。

六 制动液

汽车制动液是用于液压制动系统中传递压力的工作介质,是油液中的一个特殊品种,其性能对汽车行驶安全性影响很大,如图 1-11 所示。

图 1-11 制动液

1 制动液的分类

1 国外制动液的规格标准

常用的进口制动液有 DOT-3、DOT-4 和 DOT-5 共 3 种。DOT 是美国交通部的英文缩写,其后面数字越大,级别越高。DOT-3、DOT-4 与 DOT-5 的不同之处主要在于沸点不同,DOT-5 比 DOT-4 更耐高温,DOT-4 比 DOT-3 更耐高温。制动液性能指标见表 1-19。

DOT-3 和 DOT-4 制动液是非矿物油系,是以聚二醇为基础和乙二醇及乙二醇衍生物为主的醇醚型合成制动液,再加润滑剂、稀释剂、防锈剂和橡胶抑制剂等调和而成,也是各国汽车最普遍采用的一种制动液。

制动液性能指标　　　　　　　　　　　　表 1-19

沸点 (平衡回流沸点)	工作情况	DOT-3	DOT-4	DOT-5
	干	205℃以上	230℃以上	260℃以上
	湿	140℃以上	155℃以上	180℃以上

这种制动液吸湿性较强。制动系统虽然进不了水分,但制动液使用一段时间以后会吸收相当多的水分。制动液中水分越多,沸点越低,制动时越易沸腾。为了保证行车安全,制动液应定期更换(一般2年需更换一次)。

由于制动液会吸收水分,所以放置多年已开封的制动液不要再用。

❷ 国产制动液的品种、牌号和规格

国产制动液依据其平衡回流沸点,分为JG0、JG1、JG2、JG3、JG4、JG5共6个质量等级,序号越大平衡回流沸点越高,高温抗气阻性越好,行车制动安全性越高。

目前国内制动液按原料的不同分类,有合成型、醇型和矿油型3种。

2 制动液的选用注意事项

(1)各种制动液绝对不能混用,否则,会因分层而失去制动作用。

(2)由于醇醚类制动液有一定的吸水性,因此,在一般情况下,制动液应在使用1~2年后进行更换,以防制动液吸潮后影响制动性能。更换制动液应在每年雨季过后进行。

(3)在山区下长坡连续使用液压制动,或在高温地区长期频繁制动时,制动蹄摩擦片温度可达350~400℃,使制动液温度随之升高达150~170℃,此时,已超过一般合成制动液的潮湿沸点,因此,要注意检查制动液温度,以防因气阻发生交通事故。

(4)防止矿物油混入使用醇型和合成型制动液的制动系统。使用矿物油制动液,制动系统应换用耐油橡胶件;使用醇型制动液前,应检查是否有沉淀,如有沉淀应过滤后再使用。

七 冷却液

现代汽车所用冷却液是指在原来防冻液的基础上再加防沸剂、防锈剂和防垢剂等添加剂,从而具有防结冰、防沸腾、防锈蚀和防水垢等综合作用的冷却媒介,适用于全国全年各种车辆使用,如图1-12所示。

图 1-12　冷却液

1 冷却液的分类

目前,国产常用的冷却液有如下几个品种。

1 乙二醇-水型冷却液

乙二醇是一种无色微黏的液体,沸点是197.4℃,冰点是-11.5℃,能与水以任意比例混合。当乙二醇的含量为68%时,冰点可降低到-68℃,超过这个限量时,冰点反而要上升。乙二醇冷却液在使用中易生成酸性物质,对金属有腐蚀。因此,应加入适量的磷酸氢二钠等以防腐蚀。乙二醇有毒,但由于其沸点高,不易产生蒸气被人吸入体内而引起中毒。乙二醇的吸水性强,储存的容器应密封,以防吸水后溢出。由于水的沸点比乙二醇低,使用中蒸发的是水,故缺冷却液时,只要加入纯净软水就行了。这种冷却液经过沉淀、过滤,加水调整浓度,补加防腐剂后,还可继续使用,一般可用3~5年。

2 酒精-水型冷却液

酒精的沸点是78.3℃,冰点是-114℃,酒精与水可以任意比例混合,组成不同冰点的冷却液。酒精的含量越多,冰点越低。酒精是易燃品,当冷却液中的酒精含量达到40%以上时,就容易产生酒精蒸气而着火。因此,冷却液中的酒精含量不宜超过40%,冰点限制在-30℃左右。酒精-水型冷却液具有流动性好、散热快、取材方便、配制简单等优点。它的缺点是沸点低、蒸发损失大且容易着火。酒精蒸发后,冷却液成分改变,冰点升高,所以在高原地区行驶的汽车不宜使用酒精-水型冷却液。

3 甘油-水型冷却液

甘油-水型冷却液,不易挥发和着火,对金属腐蚀性也小,但甘油降低冰点的效率低,配制同一冰点的冷却液时,比乙二醇、酒精的用量大。因此,这种冷却液用得较少。

2 冷却液的选用

(1)根据环境温度选择不同冰点的冷却液。
(2)根据不同车型选择冷却液。
(3)应兼顾防锈、防腐及除垢能力来选择冷却液。
(4)选用与橡胶密封件和橡胶水管相匹配的冷却液。

3 冷却液的使用注意事项

(1)冷却液及其添加剂均为有毒物质,切勿直接接触皮肤,要放置于安全场所。
(2)冷却液的使用浓度(体积分数)一般不要超出40%~60%。
(3)除乙二醇-水型冷却液外,放出的冷却液不宜再使用,应严格按有关法规处理废弃的冷却液。
(4)凡更换缸盖、缸垫和散热器时,必须更换冷却液。
(5)发动机"开锅"时,冷却系统处于高温、高压状态,因此,"开锅"时切勿打开散热器盖,以防烫伤。
(6)必须在发动机处于冷态时添加冷却液,以免高温机体水套遇冷炸裂,而损坏发动机。
(7)在冬季紧急情况下,若全部加入了纯净的软水,则必须尽快按规定添加冷却液添加剂,使冷却液浓度恢复到正常状态,以防水套结冰。
(8)冬季来临前应检查冷却液冰点,并按规定调配浓度,保证冷却液具有足够的防冻能力。

八 制冷剂

在空调设备中完成制冷循环的工作介质,称为制冷剂,如图1-13所示。

1 制冷剂的发展简介及目前车用制冷剂

长期以来含氟利昂(CCL_2F_2)的R12一直是汽车空调的唯一制冷剂,后经科学研究发现,R12中的氯会破坏地球上空15~25km内的臭氧层,从而使更多的

图 1-13 制冷剂

太阳光紫外线辐射到地球危害人体健康,因此,国际社会于 1987 年 9 月在加拿大缔结了蒙特利尔协议书,明确规定了禁用 R12 的期限为 2000 年,但后来由于臭氧层的破坏不断加剧,国际社会把 R12 的完全禁用日期提前到了 1995 年,发展中国家则可推迟 10 年。我国有关部门于 1992 年明确规定:各汽车厂从 1996 年起在汽车空调中逐步用新制冷剂 R134a 替代 R12,在 2000 年后生产的新车上不准再用 R12。因此,汽车使用和维修人员必须了解和熟悉新制冷剂 R134a 的特点,以便能够熟练、正确地使用制冷剂。

2 制冷剂 R134a 的主要特点

(1)R134a 不含氯原子,对大气臭氧层无破坏作用。

(2)R134a 具有良好的安全性能,不易燃、不易爆、无毒、无刺激性、无腐蚀性。

(3)R134a 的传热性能与 R12 比较接近,所以制冷系统的改型比较容易。

(4)R134a 的传热性能比 R12 好,因此,制冷剂的用量可大大减少。

3 R134a 与 R12 制冷系统的主要区别

(1)存放 R134a 的容器为浅蓝色,而存放 R12 的容器为白色。

(2)R134a 制冷系统连接软管是用橡胶和尼龙特制的,并且在其明显处有美国汽车工程师协会的印记;而 R12 制冷系统连接软管一般用橡胶管。

(3)R134a 制冷系统连接管有颜色标记(低压管是蓝色带黑色条纹,高压管是红色带黑色条纹,普通管是黄色带黑色条纹),而 R12 制冷系统连接管则无标记。

(4)R134a 制冷剂入口处使用的是快速接头,而 R12 制冷系统使用的是螺纹接口。

(5)R134a 制冷系统连接软管与仪表的接头是 1/2in(1in=25.4mm)螺纹,且高压口的接头比低压口的大;而 R12 制冷系统连接软管与仪表的接头是 7/16in 螺纹。

(6)与 R12 制冷系统相比,R134a 制冷系统具有较高的压力和温度,需要较大功率的冷却风扇。

4 制冷剂的使用注意事项

（1）要绝对避免 R12 和 R134a 混用。

（2）要绝对避免 R12 和 R134a 的冷冻润滑油混用。

（3）检修制冷系统时应做好安全防护，避免手和眼睛等处皮肤接触液态制冷剂，以免被冻伤。

（4）在加注 R134a 时需要将它放在盛热水的容器里进行加热，但温度不要超过40℃。

（5）R134a 系统必须使用专用密封圈与密封垫，若使用了 R12 系统专用的密封圈和密封垫，则会起泡失效，从而导致制冷剂泄漏。

（6）在加注 R134a 时，应使装有 R134a 的容器保持直立状态，确保 R134a 以气态方式进入系统，加注作业必须在空气流通的地方进行，以防操作人员因缺氧而窒息。

（7）避免空气进入储液干燥器，以免干燥剂吸湿能力减弱，甚至失效。

第三节　汽车维护的工具、量具及仪器

常言道"工欲善其事，必先利其器"，对于汽车维修工作来讲也有"三分技术，七分工具"的说法，由此可见，正确地选用工具对汽车维修来说是何等重要。但很多维修技术人员不太重视工具和量具的使用方法，导致不能顺利完成维修工作。

常用的维修工具、量具及设备是每一个维修企业开业的必备条件，认识和掌握这些维修机具对规范维修操作、保证维修质量、提高工作效率至关重要。

在从事测量作业时，应尽可能采用精密的测量仪器，但不论何种测量仪器，在测量过程中总是会存在测量误差。而误差包括测量仪器的误差（制造和磨损产生的误差）以及测量者本身的误差（因测量者习惯以及视觉因素产生的误差）。因此，测量时应该注意以下事项，方能保证测量仪器的精度。

（1）进行测量时，应使测量仪器温度和握持的方法保持在一定的测量状态。

（2）保持固定的测定动作。

（3）使用后应注意仪器的清理和维护，并存放在不受灰尘和气体污染的场所。

（4）要定期地检查仪器精度。

● 扳手

扳手种类繁多，常见的有梅花扳手、开口扳手、组合扳手以及活动扳手等。在拆卸螺栓时，应按照"先套筒扳手、后梅花扳手、再开口扳手、最后活动扳手"的选用原则进行选取，如图1-14所示。

在选用扳手时，要注意扳手的尺寸，尺寸是指它所能拧动的螺栓或螺母正对面间的距离。例如扳手上标示22mm，即此扳手所能拧动螺栓或螺母棱角正对面间的距离为22mm。

现在常见的工具都有公制、英制两种尺寸单位。公制和英制之间的换算关系为：1mm = 0.03937in。

禁止使用公制单位标示的扳手旋动用英制单位标示的螺栓或螺母。

● 钳子

钳子用于弯曲小的金属材料、夹持扁形或圆形零件、切断软的金属丝等。

应根据在汽车维修中所要达到的不同目的来选用及使用不同种类的钳子，并且还要考虑工作空间的大小等因素。

在汽车维修中，常用的类型有钢丝钳、鲤鱼钳、尖嘴钳、斜嘴钳、水泵钳等，如图1-15所示。

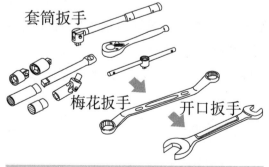

图1-14　扳手的选用原则

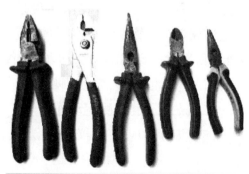

图1-15　常用钳子的类型

三 螺丝刀

螺丝刀俗称改锥或起子,主要用于旋拧小力矩、头部开有凹槽的螺栓和螺钉。

螺丝刀的类型取决于本身的结构及尖部的形状,常用的有一字螺丝刀、十字螺丝刀。一字螺丝刀用于单个槽头的螺钉,十字螺丝刀用于带十字槽头的螺钉,如图1-16所示。

尖部形状相同的螺丝刀,尺寸也不完全一样,例如十字螺丝刀,在汽车维修中经常用到头部尺寸是2号的螺丝刀,但也有更大一点的3号螺丝刀和更小一点的1号螺丝刀,甚至还有更小的微型螺丝刀。

选用螺丝刀时,应先保证螺丝刀头部的尺寸与螺钉的槽部形状完全配合,选用不当会严重损坏螺丝刀。选用时应先大后小,即先选择3号,如3号不合适,再依次选择2号、1号。

如果螺丝刀的头部太厚,则不能落入螺钉槽内,易损坏螺钉槽;如果螺丝刀的头部太薄,使用时螺丝刀头部容易扭曲。

使用螺丝刀时,应用手握住螺丝刀把柄,手心抵住柄端,螺丝刀与螺钉的轴心必须保持同轴,压紧后用手腕扭转,拆卸时螺钉松动后用手心轻压螺丝刀,并用拇指、食指、中指快速旋转手柄,如图1-17所示。

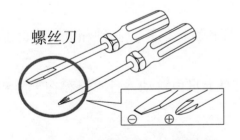

图1-16 螺丝刀的外形结构

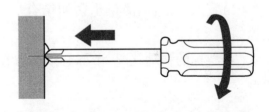

图1-17 螺丝刀的正确使用方法

另外,在使用过程中,要尽量避免将螺丝刀当撬棒,否则,会造成螺丝刀的弯曲甚至断裂。禁止将普通螺丝刀当作錾子使用(通心式螺丝刀除外),否则,会造成头部缩进手柄内或断裂和缺口。

四 游标卡尺

游标卡尺的使用

游标卡尺又称四用游标卡尺,简称卡尺,是由尺身(又称主尺)和游标(又称副尺)制造而成的精密测量仪器,如图1-18所示,能够准确且简单地从事长度、外径、内径及深度的测量。常用的游标卡尺的测量范围是0~150mm,应根据所测零部件的精度要求选用合适规格的游标卡尺。

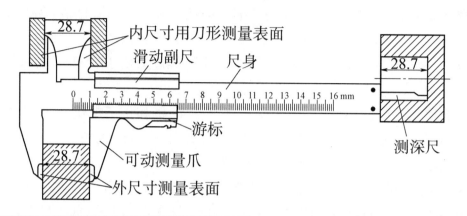

图1-18　游标卡尺的结构

1 使用前的检查

使用游标卡尺时先应依照下列事项逐一检查。

(1)测量爪的密合状态:尺身和游标的测量爪必须完全密合。内径测量用测量爪在密合状态下,能够看到少许光线表示密合良好;反之,如果穿透光线很多,则表示测量爪密合不佳。

(2)零点校正:当测量爪密切结合后,尺身和游标的零点必须相互对齐才是正确的。

(3)游标的移动状况:游标必须能够在尺身上自由移动并且不能存在卡滞和异响。

2 游标卡尺的维护注意事项

游标卡尺是一种精密的测量工具,要获得很好的精度,应小心轻放和妥善保存。

测量前,应将游标卡尺清理干净,并将两个测量爪合并,检查游标卡尺的精度情况。在使用之后,应清除灰尘和杂物。读数时,要正对游标刻度,看准对齐的刻线,目光不能斜视,以减小读数误差。

游标卡尺用完后,应清除污垢并涂上防锈油,将其放回盒子里并放在不受冲击及不易掉下的地方保存。

五 外径千分尺

外径千分尺又称螺旋测微器,如图 1-19 所示。

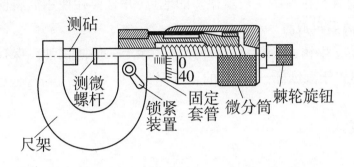

图 1-19 外径千分尺的结构

外径千分尺是利用螺纹节距来测量长度的精密测量仪器,用于测量加工精度要求较高的零部件,汽车维修工作中一般使用可以测至 1/100mm 的千分尺,其测量精度可达到 0.01mm。

1 使用外径千分尺测量时应注意的事项

(1)使用前确保零点校正,若有误差请用调整扳手调整或用测量值减去误差。

(2)被测部位及千分尺必须保持清洁,若有油污或灰尘须立即擦拭干净。

(3)测量时请将被测面轻轻顶住测砧,转动棘轮旋钮使测微螺杆前进。不可直接转动微分筒。

(4)测量时尽可能握住千分尺的尺架部分,同时要注意不可碰及测砧。

(5)旋转后端棘轮旋钮,使测砧端和测微螺杆端夹住被测部件,然后再旋转棘轮旋钮一圈左右,当听到发出两三响"咔咔"声后,就会产生适当的测量压力。

(6)为防止因视差而产生误读,最好让眼睛视线与基准线成直角后再读取读数。

(7)当测量活塞、曲轴轴径之类的圆周直径时,必须保证测轴轴线与最大轴径保持一致(即测试处为轴径最大处)。若从横向来看,测微螺杆轴线应与检测部件中心线垂直,只有这样才能保证测试数据正确无误。

2 外径千分尺的维护注意事项

（1）使用时应避免掉落地面或遭受撞击,如果不小心落地,应立刻检查并作适当处理。

（2）严禁放置在污垢或灰尘很多的地点,并且要在使用后将测砧和测微螺杆的测量面分离后再放置。

（3）为防止生锈,使用后须立即擦拭并涂上一层防锈油。保存时应先放置于储存盒内,再置于湿度低、无振动的地方保存。

六 百分表

百分表的基本操作

百分表利用指针和刻度将心轴移动量放大来表示测量尺寸,主要测量工件的尺寸误差以及配合间隙。

一般汽车维修厂采用最小刻度为 1/100mm 的百分表。同时百分表可以和夹具配合使用,如图 1-20 所示。

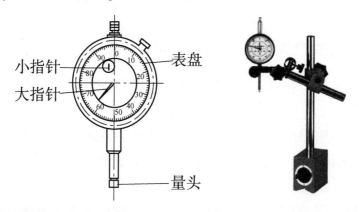

图 1-20　百分表及应用

1 百分表的使用维护注意事项

使用百分表时要注意以下两点。

（1）百分表内部构造和钟表类似,应避免摔落或遭受强烈撞击。

（2）心轴上不可涂抹润滑油或油脂。如果心轴上沾有油污或灰尘而导致心轴无法平滑移动时,请使百分表保持垂直状态,再将套筒浸泡在品质极佳的汽油内浸至中央部位,来回移动数次后再用干净的抹布擦拭,即能恢复至原来平滑的情况。

2 百分表的保存

(1)为防止生锈,使用后立即擦拭并涂上一层防锈油。

(2)定期检查百分表的精度。

(3)收藏时先将百分表放在工具盒内,再放置在湿度低、无振动的库房内。

七 量缸表

量缸表又称内径百分表,是利用百分表制成的测量仪器,也是测量孔径比较常用的测量工具。量缸表通常用于测量汽缸的磨耗量及内径。

(1)量缸表需要经过装配才能使用。首先根据所测缸径的公称尺寸选用合适的替换杆件和调整垫圈,使量杆长度比缸径大 0.5~1.0mm。替换杆件和垫圈都标有尺寸,根据缸径尺寸可任意组合。量缸表的杆件除垫片调整式,还有螺旋杆调整式,无论哪种类型,只要将杆件的总长度调整至比所测缸径大 0.5~1.0mm 即可。

(2)将百分表插入表杆上部,预先压紧 0.5~1.0mm 后固定。

(3)为了便于读数,百分表表盘方向应与接杆方向平行或垂直。

(4)将外径千分尺调至所测缸径尺寸,并将千分尺固定在专用固定夹上,对量缸表进行校零、当大表针逆时针转动到最大值时,旋转百分表表盘,使表盘上的零刻度线与其对齐,如图 1-21 所示。

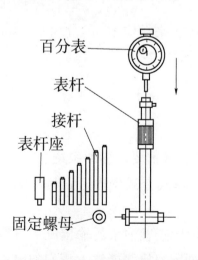
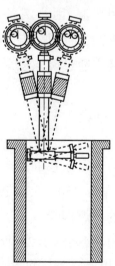

图 1-21　量缸表及应用

八 汽缸压力表

汽缸压力表用来检查汽缸的压缩压力。压力表的仪表盘指示压力的数值,它以千帕(kPa)为单位进行显示。量程范围通常在0~2100kPa。

压力表有压入式和螺纹旋入式两种类型,如图1-22所示。压入式压力表有一个短的连接杆,杆的尾端是锥形橡胶头,以便适合任何尺寸的火花塞孔。在拆下火花塞后,橡胶头被塞入火花塞孔内并在发动机旋转的几个压缩周期中始终保持安装位置。虽然使用简单,但是,如果压入式压力表在火花塞孔中安装不紧密,将会显示不精确的读数。

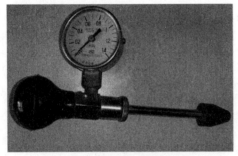

a)压入式汽缸压力表　　　　b)螺纹旋入式汽缸压力表

图1-22　汽缸压力表及类型

螺纹旋入式压力表有一个长而灵活的橡胶管,管的尾部是连接头。这种压力检测计应用普遍,因为灵活的橡胶管能进入压入式检测计很难达到的地方。连接头可以更换,从而得到不同规格的接头来适应10mm、12mm、14mm、18mm直径的孔。连接头通过旋入安装在火花塞插孔中。

九 燃油压力表

燃油压力表对于诊断燃油喷射系统非常重要。燃油系统的工作依靠很高的燃油压力,通常为350~550kPa。油压的降低会减少输送到喷油器中的油量,从而导致较稀的空燃混合气。

燃油压力表,如图1-23所示,是用来检查燃油泵的输出压力、燃油喷射系统的调节压力,以及喷油器的压力降。通过压力检测能够发现有故障的油泵、调压器或喷油器,也能够检测出燃油喷射系统存在的堵塞。堵塞通常是由燃油滤清器、变形的软管引起的。

> **注意**
>
> 检测燃油压力时应小心,不要溢出燃油。防止因燃油溢出引起爆炸和着火,导致严重的人员伤害和财产损失。

十 冷却系统压力检测仪

冷却系统压力检测仪由一个手持泵和一个压力表组成。一根软管将手持泵和安装在散热器加液口处的一个专用接头连接在一起,如图1-24所示。压力检测仪用来对冷却系统加压,从而检查冷却液是否泄漏。外加的接头能够将此压力检测仪连接到散热器盖上,以检测散热器盖的泄压作用。

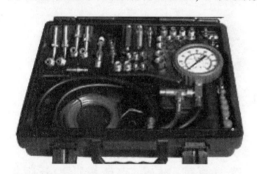
图1-23 燃油压力表的组成

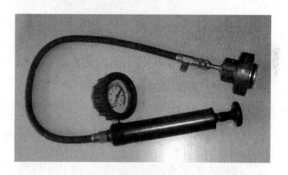
图1-24 冷却系统压力检测仪

十一 电路测试灯

测试灯实际就是带导线的"电笔",主要用来检查电控元件电路的通、断。测试灯带有显示电路通、断的指示灯,对电路进行检测时,根据指示灯的亮度还可判断被测电路的电压高低。测试灯分为不带电源测试灯(12V测试灯)和自带电源测试灯两种类型,如图1-25所示。

十二 数字式万用表

数字式万用表是目前常用的一种数字化仪表,如图1-26所示。

 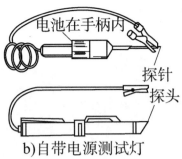

a)不带电源测试灯(12V测试灯)　　　b)自带电源测试灯

图1-25　测试灯

图1-26　数字式万用表及其测量插孔标记

数字式万用表具有以下特点：数字显示，读取直观、准确，避免指针式万用表的读数误差；分辨率高；测量速度快；输入阻抗和集成度高；测试功能、保护电路齐全；功率损耗小；抗干扰能力强。

图1-26为VOLTCRAFT型汽车万用表，其主要功能如下。

（1）直流电压（DCV）测量。

（2）交流电压（ACV）测量。

（3）直流电流（DCA）测量。

测量电流时，应将万用表串联在被测电路中。

（4）交流电流（ACA）测量。

(5)电阻测量。

在电路中测量电阻时,应切断电源。

(6)电容测量。

不能利用表笔测量。测量容量较大的电容时,稳定读数需要一定的时间。

(7)二极管测试及带蜂鸣器的连续性测试。
(8)晶体管放大倍数 Hfe 的测试。
(9)音频频率测量。
(10)温度测试。

十三 正时灯

正时灯主要是用来检测与曲轴位置相关的点火正时的仪器。正时灯上的两根接线必须正确地连接到蓄电池的两极。大多数正时灯都有一个感应夹,可以夹在一缸火花塞高压线上,如图 1-27 所示。老式正时灯还有一根可以串联在一缸火花塞高压线和火花塞之间的接线。正时灯上有一个扳机,可以控制正时灯的开关。当发动机运转时按下扳机,正时灯就会在每次火花塞点火时发射光束。

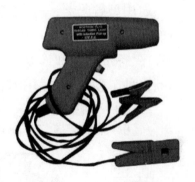

图 1-27 带感应传感器的正时灯

十四 汽车解码器

解码器不仅具有读码、清码功能,而且还具有解码功能,使用起来非常方便,是汽车电控系统维护中不可缺少的检测设备之一。

带有数据流功能的解码器,可分为原厂专用型和通用型两大类型。原厂专用型解码器,一般是汽车制造厂为检测诊断本厂生产的汽车而专门设计制造的解码器。世界上一些大的汽车制造商,如通用公司、福特公司、克莱斯勒公司、奔驰公司、宝马公司、奥迪公司、日产公司等,都有专用型解码器(表1-20),只适用检测诊断本厂生产的汽车,一般配备在汽车特约维修站,以提供良好的售后服务。

汽车生产厂家主要解码器　　　　　　表1-20

序号	生产厂家	解码器名称
1	宝马	ISID R2
2	丰田	GTS
3	大众	VAS 6150D
4	奥迪	VAS 6150E
5	东风本田	HDS
6	通用	GDSRDS
7	福特	IDS

通用型解码器,一般是检测设备制造厂为适应检测诊断多种车型而设计制造的。它往往存储有几十种甚至几百种不同厂牌、不同车型汽车电控系统的检测程序、标准数据和诊断代码等资料,并配备有各种车型的检测接头,可以检测诊断多种车型,因而适用综合性维修企业使用。

十五 车轮动平衡机

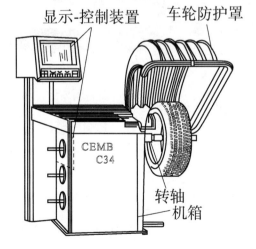

图1-28 离车式车轮动平衡机

离车式车轮动平衡机,如图1-28所示。目前应用最多的是硬式二面测定车轮动平衡机,该动平衡机一般由驱动装置、转轴与支撑装置、显示与控制装置、制动装置、机箱和车轮防护罩等组成。

驱动装置、转轴与支撑装置等均安装在机箱内,车轮防护罩可防止车轮旋转时,其上的平衡块或胎面花纹内夹杂物飞出伤人。制动装置可使车轮停转。近年来生产的车轮动平衡机多为计算机控制式,具有自动判断和自动调校系统,能将传感器送来的电信号通过计算机运算、分析、判断后显示出不平衡量及相位。

十六 四轮定位仪

四轮定位仪是在水平地面上设置转动调整仪,若用专用器具装设在各车轮上则能进行前轮外倾角、主销后倾角及侧向角的测试。通常为便于测试及测试后的调整作业,四轮定位仪一般是和四轮升降器合并使用,其一般测试项目有:前后轮外倾角、前轮主销后倾角、前后轮前束和前轮主销内倾角等。

KDS系列光学式四轮定位仪主要由计算机主机、彩色显示器、键盘、控制箱、传感器、机壳、打印机和红外遥控器等组成,其系统框图如图1-29所示。

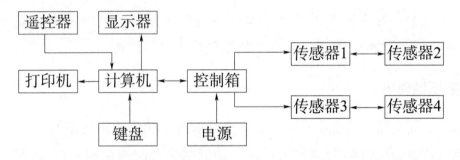

图1-29 KDS系列光学式四轮定位仪系统框图

第四节 汽车维护安全知识

维修车间发生事故会对人员造成严重伤害,甚至导致残疾或死亡。这是因为存在以下情况:

(1)汽车、设备和很多零部件都很重,足以对人员造成严重伤害;

(2)汽车的很多部件会变得很烫,会导致严重烧伤;

(3)在汽车的冷却系统、燃油系统内会产生高压液体,这些高压液体喷出来将会伤人,特别是喷到人的眼睛里时,伤害更严重;

(4)蓄电池内有强腐蚀性和可爆炸性酸性电解液,可导致烧伤和眼睛失明;

(5)燃料和常用的清洗剂都是易燃物;

(6)汽车排出的废气是有毒的;

（7）进行某些维修作业时，维修技师会暴露在有害尘埃和气体中，将导致慢性疾病。

以上这些危险足以让人产生畏惧，但是，如果掌握了工作安全常识，维修汽车时造成伤害的可能性就会接近于零。车间内的每个人都对车间安全负有责任，必须共同努力，保护健康和安宁。本节包含许多涉及人身、工作环境、工具、设备、有害材料的安全指南，还特别对容易导致伤害的情况进行提醒。作业时，一定要遵守维修手册和其他技术文献中给出的安全指南，这样才能保护自己免受危害。

● 一 个人安全

个人安全一般来说是为了保护自己免受伤害而采取的防范措施或注意事项，包括佩戴防护装置、穿戴安全和正确地使用工具和设备。

1 眼睛保护

维修车间有很多情况会使工作人员的眼睛发生感染或永久损伤。

有些作业（如磨削）会散发出高速运动的细小金属颗粒和尘埃，这些金属颗粒和尘埃很容易进入作业者的眼睛中，将眼球擦伤或割伤。从有裂纹的管子或管接头中泄漏出的压力气体和液体可以喷射很远距离，这些化学品进入眼睛会导致失明。在汽车下面进行作业时，从腐蚀金属上脱落下来碎屑很容易落入眼睛中。

当工作环境存在损伤眼睛的风险时，就要戴上安全眼镜，对眼睛进行保护。可供使用的护目装置有多种，如图1-30所示。为了对眼睛进行足够的保护，安全眼镜的镜片要用安全玻璃制成，还要对眼部侧面进行防护。普通眼镜不能对眼部提供足够的防护，因此，普通眼镜不能作为安全眼镜使用。在车间里戴普通眼镜时，应配上侧面护罩。

进行某些作业时，应该佩戴其他的护眼装置，而不是安全眼镜。例如维修汽车空调系统时，就应当戴上防溅护目镜；用压力喷射清理零部件时，就要戴上防护面罩，防护面罩不仅能对眼部进行保护，还能对面部进行保护。

在蓄电池电解液、燃油、溶剂等化学品进入眼睛时，要用清水长时间冲洗眼睛，还要及时让医生进行处理。

图 1-30　安全护目装置

2 服装

服装的穿着必须合适、舒服,不能采用坚硬的布料。宽大、松垂的衣服很容易被卷入旋转的零件或机器。不可以戴领带。各种短裤也不适合车间工作。

汽车维修工作要经常处理一些很重的部件,这些部件很可能意外地落在脚上。为了保护脚部不受伤,要穿皮革或类似材料的鞋子、靴子,而且这些鞋的鞋底要防滑。钢质鞋尖的安全鞋能为脚提供额外的保护。在车间里不适合穿球鞋、休闲鞋和凉鞋。

人们经常忽视对手部的保护。如果手部擦伤、划伤或烧伤,会在很长一段时间内降低工作效率。进行研磨、焊接或处理高温零部件时,应该戴上合适的劳保手套。处理腐蚀性化学物质时要戴上合格的橡胶手套,腐蚀性物质是很强烈、很危险的化学品,它们很容易烧伤皮肤,处理这类化学品时要格外小心。

3 听力保护器

长时间处于高分贝的噪声中会造成听力下降。气动扳手、带负荷运转的发动机和封闭空间内运行的车辆都会产生令人厌烦的、有害的噪声。如果经常在这种环境下工作,要戴上保护听力的耳塞或耳罩,如图 1-31 所示。

a)带架耳塞　　　　　　b)耳罩　　　　　　c)耳塞

图 1-31　常见的耳塞和耳罩

4 头发和首饰

长发或宽松、垂挂的首饰会带来与宽松的衣服相同的危害,它们可能会被卷入运转的发动机或机器中。如果是长发,要将头发挽到后面或者卷到工作帽里。

绝对不要戴戒指、手表、手镯和项链,它们很容易被卷入运转的部件中并造成严重伤害,特别是在维护蓄电池、电气系统或在其旁边工作时,更有可能造成伤害。

5 其他个人安全警告

(1)在汽车上或在车间的任何机器上工作时都不允许吸烟,要在指定的区域内吸烟,如图 1-32 所示。

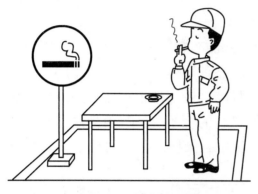

图 1-32　在指定的区域吸烟

(2)车间里没有地方玩吹气比赛、爬行比赛甚至搞恶作剧。如果有人被送到医院,打闹和嬉戏就不会那么有趣了。

(3)为了防止恶性伤害,皮肤应远离高温金属部件,如散热器、排气歧管、排气管、催化转换器和消声器等。

(4)使用液压机时,要确保液压系统安全、正常。一般说来,操作时要站在侧面,并要一直戴着安全眼镜。

(5)要把零件和工具放在合适、安全的地方,以免人们被绊倒,这样不仅能减少伤害,还能减少寻找零件和工具的时间。

二、举升和搬运

掌握搬运重物的正确方法是很重要的。提升重物时应使用合适的背部保护装置,并在自己的能力范围内搬举,如果遇到不确定是否能自行处理的大件物品时,应找别人帮忙。甚至一些小型的紧凑部件也可能出奇的重,也可能是不平衡的,搬运前要考虑好如何操作。搬运任何物品,都要遵循以下步骤。

(1)搬运前,确认搬运路上没有碍事的零件或工具。

(2)使脚紧靠搬运物。站稳脚位,这样才能保持平衡。

(3)尽量保持肘部和背部的直挺。弯曲膝盖直到手能够到搬运物并有一个最佳紧握位置,如图 1-33 所示。

(4)如果搬运物放在橱柜里,确保橱柜是完好的。旧的、潮湿的以及密封不好的橱柜很容易破裂,使零部件从中掉落。

(5)抓稳搬运物。搬运时不要尝试改变紧握姿势。

(6)不要通过扭转身体来改变移动方向,一定要转动包括双脚在内的整个身体。

(7)将物品放到货架或柜台上时,不要向前弯曲身体,应将物品的边缘先放在货架上,然后向前推重物,注意不要将手指夹住。

(8)在放下重物时,弯曲膝盖,但要挺直背部,不要向前弯曲身体,否则会拉伤背部肌肉。

(9)将重物放到地面上时,应将物品放在木头垫块上,以保护手指免受损伤。

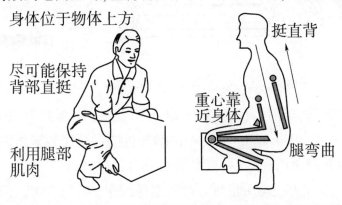

图 1-33　正确合理的搬运方法

三　举升车辆的安全

举升机可以举升车辆,这样技师就可以在汽车下面工作,举升臂必须安置在汽车生产商推荐的举升部位。还应注意以下安全事项。

(1)举升机提升后一定要确保保险锁锁止。松开保险锁后,缓慢操作控制手柄降低车辆。决不能用举升机或千斤顶去支撑超过其承载能力的物体,使用前检查它们的额定承载能力。如果千斤顶的额定荷载为2t,不要尝试用它支撑大于2t的载荷,因为这对人员和车辆都是很危险的。

(2)引导别人把车开上举升机时,要站在驾驶人的侧面而不是车前方。然后用清楚明白的手势或口令向驾驶人指示行车方向。如果汽车有意外动作,确保自己有一个明确的逃离方向。把车开到举升机上时,要先检查车底的间隙,这非常重要。如果悬架系统或排气系统的位置较低,可能会碰到举升机使它们损坏。

(3)把车开到举升机上之前,应安放好举升臂并确保没有任何阻碍。不要撞击、开车碾过举升臂、连接器、支撑轴,这样会损坏举升机、汽车或轮胎。

(4)放好举升臂接触垫,使之位于车辆支撑点位置。升起举升机使接触垫接触到汽车。然后,检查接触垫确保它们和汽车完全接触,如图 1-34 所示。最后将车辆举升到所需高度。

图 1-34　确保接触垫与车辆可靠接触

（5）举升车辆前,车门、发动机舱盖和行李舱盖一定要完全关闭,车内有人时决不能将车辆升起。在车底工作前,确保举升机的保险锁装置正常。

（6）当车辆升到所需高度后,将车辆降低至其机械保险装置。有些组件的拆卸(或安装)会造成车辆重心的改变,这可能导致车辆在举升机上不稳,要参看车辆维修手册推荐的程序以避免这种情况的发生。

（7）车辆下面一定不要有工具箱、案台或其他设备。降下举升机前要按照操作程序打开保险锁装置。

四　手工工具的安全

很多车间事故是由于未正确使用手工工具造成的。安全使用这些手工工具要注意以下事项。

（1）保持工具的清洁且使用状况良好。旧的工具很容易滑动并造成手部损伤。如果锤子的锤头是松动的,锤头很可能脱落,造成人员受伤或车辆损坏。要保持工具清洁无油且使用状况良好。滑脱的工具会造成切伤或割伤。如果滑脱的工具掉落到运转的零件上,工具会飞出来造成严重人身伤害。

（2）使用正确的工具完成工作。确保工具具有专业品质,使用制造不良的工具或错误的工具会损害零件、工具本身或造成人身伤害,不能使用破损或损坏的工具。

（3）使用锋利或带尖端的工具要十分小心。不要把尖锐的工具或其他尖锐的零件放到口袋里,它们会刺伤皮肤、毁坏汽车内饰、划伤汽车漆面。

（4）如果工具的尖端必须锋利,要把它放到一个能够保持其锋利的环境中。

(5)绝对不能超范围使用工具,例如用螺丝刀当撬棒时,刀刃和刃尖很容易损坏并造成人身伤害。

(6)冲击扳手只能使用冲击套筒。普通的套筒如使用不当,很容易损坏和破裂。

五、动力工具设备的使用安全

以电力和压缩空气为动力的工具设备称为动力工具设备。使用时需要注意以下事项。

(1)对动力工具设备的操作不了解或未经正确使用培训,切勿操作动力工具设备。

(2)开动动力工具设备前,应确信没有别的物件会碰到设备的运转部件。

(3)全部电动工具,除非是双绝缘式的,都必须接地。不要使用两脚插头插入三脚插座(第三脚是设备地线)。切勿使用卸下第三地线插头的设备。

(4)动力工具设备正在运转或电源接通时,切勿试图调整、润滑或清洁等。安全防护罩是一种装在运转部件外部的罩,它可以有效防止伤害。将全部防护装置按照规定安装在适当位置,如图1-35所示。

图1-35 安装防护罩的电动设备

(5)确保气动工具和管路正确连接。

(6)当不用动力工具设备时,关闭电源并拔出插头,并把设备放回到适当位置。

(7)操作某些设备时,应按规定佩戴安全眼镜、手套、面罩等保护用品。如在砂轮机修磨零件时须戴安全眼镜,如图1-36所示。

图1-36 戴安全眼镜工作

六 防火安全

要了解车间里所有灭火器的放置地点及其适用的火险类别,见表1-21,在灭火器标签上都清楚地标明了灭火器的类型及其适用的火险类别。灭火时,一定要使用适合火险类别的灭火器,通用干粉灭火剂适用于扑灭一般易燃物、易燃液体和电气设备着火。汽油着火时,切不可向火中浇水,水会使火势进一步蔓延,适合火险类别的灭火器能够使火焰熄灭。

灭火器选择列表　　　　　　　　　　表1-21

火情类别	火险类别	典型燃料	灭火器类型
A类火情 （绿色）	一般易燃物 降低温度或覆盖可以灭火	木头、纸、布、橡胶、塑料、垃圾、装潢材料等	水灭火器 泡沫灭火器 通用干粉灭火器
B类火情 （红色）	易燃液体 可用毯子将整个着火液体表面盖住,通过隔离灭火	汽油、润滑油、油漆、轻油等	泡沫灭火器 二氧化碳灭火器 卤化物灭火器 干粉灭火器 紫色K干粉灭火器 通用干粉灭火器
C类火情 （蓝色）	电气设备 应尽快切断电源,一定要使用不导电的灭火器,以免受到电击	电动机、用电设备、电线、熔断器、开关板等	二氧化碳灭火器 卤化物灭火器 干粉灭火器 紫色K干粉灭火器 通用干粉灭火器

续上表

火情类别	火险类别	典型燃料	灭火器类型
D类火情（黄色）	可燃金属 金属片、车削或刨削形成的火险要用专用灭火剂通过窒息或覆盖灭火	铝、锰、钾、钠、锆等	只能用干粉灭火器

灭火时,要站在距离火焰 2~3m 以外的地方,将灭火器牢牢地向上拿住,对准火焰根部来回摆动喷嘴,扫过整个火焰区,低下身子以免吸入烟气,如果温度太高或烟气太大,就要撤离。记住,无论如何不要返回着火的建筑物内。

汽车维修常用灭火器有手提泡沫灭火筒、鸭嘴式开关灭火器、干粉灭火器、手提式 1211 灭火器等,使用方法如下:

(1)使用手提泡沫灭火筒时,应用一只手握着灭火筒上端的提环,另一只手握着灭火筒的底边,把灭火筒倒转过来并摇动几下,灭火泡沫就会从喷嘴喷出。

(2)使用鸭嘴式开关灭火器时,先将灭火器提到着火处,将喷嘴对准火焰,拔出开关的保险销,握紧喇叭柄,将上面的鸭嘴向下压,二氧化碳气体即从喷嘴喷出。

(3)使用干粉灭火器时,先将干粉灭火器送到着火处,需要上下颠倒几次,在离着火点 3~4m 远处撕去灭火器上的封记,拔出保险销,一手握紧喷嘴对准火源,另一只手的大拇指将压把按下,干粉即可喷出。迅速摇摆喷嘴使粉雾横扫整个火区,由近而远向前推移可很快灭火。

第二章
汽车发动机的维护

学习目标

1. 了解发动机系统的组成及工作原理;
2. 明确发动机系统的维护内容及重要性;
3. 能够正确进行发动机系统的维护项目的操作;
4. 掌握必要的安全操作规范常识。

发动机是汽车中产生动力的部分,可以说是汽车的"心脏"。发动机出现故障,车辆就会停止运行或运行不正常。因此,进行发动机系统的维护是有必要的。

发动机维护是一项重要的工作,做得好不仅能使发动机安全运转,而且能够延长使用寿命。因此,定期对发动机进行检查和维护,能够提高发动机的各项使用性能,从而保证发动机在良好的状态下工作。

第一节 燃油供给系统的维护

汽油机燃油供给系统的功用是根据发动机的要求,配制出一定数量和浓度的混合气,进入汽缸参与燃烧,并将燃烧后的废气从汽缸内排出。

汽车常见的燃油供给系统是由燃油箱、电动燃油泵、供油总管、燃油滤清器、脉动阻尼器、燃油分配管(油轨)、喷油器、燃油压力调节器、回油管和活性炭罐等组成。按其回油方式的不同,可分为外部回油供油系统和内部回油供油系统两种类型,如

图 2-1 所示。

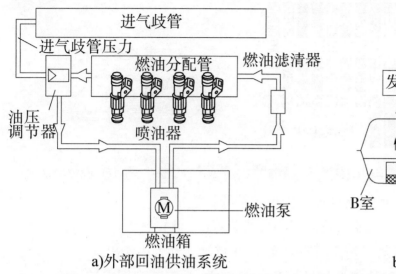

图 2-1 燃油系统的两种类型

汽油机燃油供给系统的维护项目根据车辆行驶里程和时间,有检查燃油箱盖、更换燃油滤清器、清洗喷油器、检查活性炭罐等。

一、检查燃油箱盖

(1) 取下燃油箱盖,检查其密封圈垫片是否损坏,如果损坏,燃油蒸气就会蒸发到空气中,造成环境污染,需要更换燃油箱盖。

(2) 检查真空阀是否损坏,如果损坏,空气不能进入燃油箱替代燃油,在燃油箱中形成的部分真空会造成油箱出现凹槽现象,需更换燃油箱盖。

(3) 检查燃油箱盖扭矩限制器是否有效。

(4) 检查燃油箱盖连接线是否断裂(部分车型)。

二、更换燃油滤清器

1 更换外部回油供油系统的燃油滤清器

(1) 关闭发动机,并使发动机温度达到正常环境温度范围内。

(2) 用热熔断丝夹钳拔掉燃油泵热熔断丝或继电器,如图 2-2 所示,起动发动机,使发动机自动因为缺油而停止运转,释放燃油管路的压力。

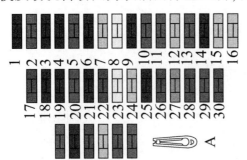
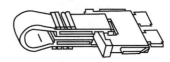

图 2-2　燃油泵热熔断丝位置及夹钳

(3)关闭点火开关,断开蓄电池负极搭铁接线柱连接。

(4)松开供油管和燃油滤清器之间的夹紧装置(卡箍),将燃油滤清器从管路中拆卸下来。并用堵口塞子塞住两侧油管,防止燃油从油管中流出。

(5)将一个新的燃油滤清器按照正确的安装方向,安装到固定装置中,注意燃油的流向即箭头要指向发动机方向,并保持方向一致。

(6)用一个新的卡箍紧固连接油管和滤清器,确保连接可靠。

(7)连接蓄电池搭铁线,安装燃油泵热熔断丝或继电器,将点火开关旋至"ON"位置再关闭,如此反复进行数次,使燃油系统建立起油压。

(8)起动车辆,再次确认管路和燃油滤清器之间的连接部分没有泄漏。

2　更换内部回油系统的燃油滤清器

(1)需要注意油箱内部燃油量不要超过1/2。关闭发动机,冷却发动机温度到正常环境温度范围内。

(2)拔掉燃油泵热熔断丝或继电器,起动发动机,使发动机自动因为缺油而停止运转,释放燃油管路的压力。

(3)关闭点火开关,断开蓄电池搭铁接线柱。

(4)拆下后地板检修孔盖,并断开燃油泵电器插接器。

(5)拆下油管接头卡子,并拉出加油口主管,燃油主管的位置和结构如图 2-3 所示。

(6)捏住燃油管连接器将燃油排放管拉出,燃油排放管位置和结构如图 2-4 所示。

(7)用专用工具拆下燃油泵表面护圈,取出燃油泵总成。

(8)断开燃油表传感器连接线,松开锁止片并滑动燃油量传感器将其

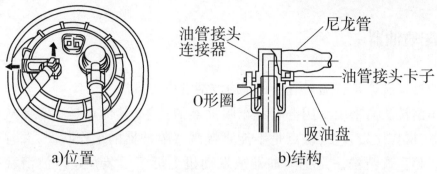

图 2-3　燃油主管的位置和结构

拆下。

(9)用头部缠有保护性胶带的螺丝刀,分离总成上的卡爪并拆下吸油管支架,拆下燃油泵橡胶垫,取出压力调节器总成。

(10)用头部缠有保护性胶带的螺丝刀,拆下卡子和燃油泵滤清器,如图 2-5 所示。

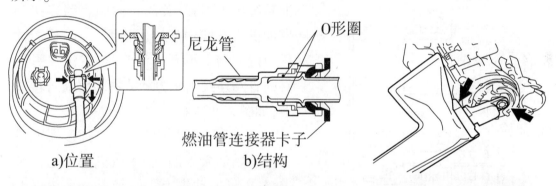

图 2-4　燃油排放管位置和结构　　　图 2-5　拆下卡子和燃油滤清器示意图

(11)更换一个新的燃油滤清器,并按照与拆卸相反的顺序安装各个零件和总成。
(12)全部安装完毕后起动发动机,检查燃油是否泄漏。

更换完毕后要检查确认连接部位无任何划痕和异物;检查并确认连接器完全插入并牢固安装;检查并确认油管接头卡子在连接器的颈部。

三 清洗喷油器

喷油器清洗通常有随车清洗和超声波清洗两种方法。

随车清洗法需采用专用电喷汽车喷油器清洗液,其优点是不需要从车上拆下喷油器,操作比较方便;缺点是不能直接观察喷油器的工作状况,并且效果也不理想。超声波清洗法是把喷油器从发动机上拆下后装在超声波清洗机上清洗,其优点是清洗质量高,还可以把喷油器装到喷油器试验台上进行喷油量、泄漏量和喷射雾化状况的测试;缺点是设备昂贵,操作起来比较费时。

1 随车清洗喷油器

(1)将储液器加满喷油器清洗液。

(2)安装喷油器清洗仪。首先释放燃油系统压力,将开关阀一侧的管路连接到燃油供给系统中的油压检测口处,从燃油压力调节器上拆开回油管,将清洗仪另一端的管路连接到压力调节器的回油管接头上,如图2-6所示。

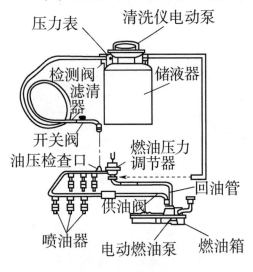

图2-6 随车清洗喷油器连接示意图

(3)断开电动燃油泵线束插接器或拔下电动燃油泵熔断丝,接通清洗仪电动泵电源,起动发动机。

(4)使发动机以2000r/min的转速运转约10min后,使发动机熄火,即完成喷油器清洗。

(5)最后拆下喷油器清洗仪,恢复燃油供给系统。

(6)起动发动机,检查清洗效果,并确认重新连接的管路是否可靠。

注意:起动发动机之前要预置燃油压力。

2 超声波清洗喷油器

（1）关闭发动机。

（2）拔下燃油泵继电器或热熔断丝，使燃油泵停止运转。

（3）起动发动机，耗尽燃油管路中的残余燃油，确保燃油压力被泄掉，使发动机自动因无燃油停止运转。

（4）关闭点火开关，拆下蓄电池搭铁接线柱。

（5）从发动机上拆下所有的喷油器并标记汽缸号。

（6）将喷油器放到超声波清洗机中，添加清洗剂，确保清洗剂液面高于所有喷油器。

（7）接通电源，设定清洗时间，一般为15～20min，起动清洗机，开始清洗。

（8）清洗结束后，取出喷油器，擦拭干净，按照原来的汽缸位置将其重新装回发动机上。

要求更换所有的密封圈垫片。

四 检查活性炭罐及PCV阀

汽车发动机PCV阀是排放控制的控制装置之一，它使窜入曲轴箱内的气体重新燃烧。如果PCV阀堵塞，窜入曲轴箱内的气体不能被吸入进气歧管，就会直接排放到大气中，造成环境污染。另外窜入曲轴箱内的气体还会与发动机润滑油混合，使润滑油变质。

（1）目视检查活性炭罐外表面是否有裂纹和损坏，以及是否有泄漏情况。

（2）目视检查连接的软管安装是否牢固，是否弯曲变形。

（3）起动发动机，使之达到正常的发动机工作温度。

（4）使用鲤鱼钳或用手捏住PCV阀，其安装位置如图2-7所示，感觉阀口部位应该有"嗒、嗒"的声音，以此判断PCV阀是否正常，如图2-8所示。

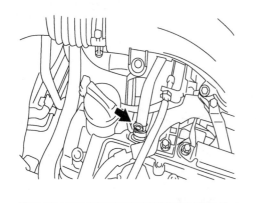
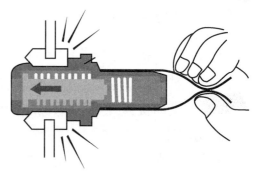

图 2-7　PCV 阀的安装位置　　　　图 2-8　PCV 阀的检查方法

第二节　进排气系统的维护

　　进气与排气系统对于发动机的工作非常重要。进气系统的结构如图 2-9 所示。进气系统必须为发动机提供充足的新鲜空气,以保证较高的充气效率。如果空气在进气系统任何一个部件中的流动阻力过大,就会降低充气效率。空气滤清器必须滤除进气中的所有灰土和砂粒。如果空气滤清器允许任何的灰尘和微粒进入发动机,发动机的汽缸壁、活塞和活塞环就会被划伤。在许多发动机中,进气系统还负责保证一定的进气温度,以改善燃油的蒸发性和发动机性能。

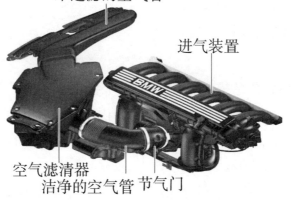

图 2-9　进气系统的结构

　　排气系统的作用是将废气以最小的空气阻力和噪声,通过汽缸顶部的排气门排至大气。如果废气在排气系统任何一个部件中的流动阻力过大,排气效率就会降低,影响发动机功率。发生在排气系统任何一个部件处的废气泄漏,会产生刺耳的噪声。排放系统中的催化转换器,主要用于降低尾气中的有害气体。

排气系统的结构如图 2-10 所示。

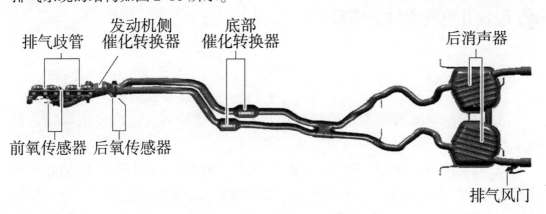

图 2-10　排气系统的结构

进气系统能够完成以下功能：

(1) 提供发动机运转所需的空气；

(2) 滤清空气以防止发动机进入异物或微小颗粒而损坏；

(3) 监控进气温度和密度，以保证更完全的燃烧和降低碳氢化合物（HC）、一氧化碳（CO）的排放量；

(4) 与曲轴箱强制通风（PCV）系统配合，将发动机曲轴箱内的气体引入汽缸燃烧；

(5) 为某些空气喷射系统提供空气。

空气滤清器总成如图 2-11 所示，其主要作用是防止空气中的尘土和砂粒随着空气燃油混合气进入发动机。

如果没有充分的过滤，空气中的杂质就会对发动机造成严重的损害，并在一定程度上降低发动机的寿命。在进入发动机前，所有的进气都应通过滤清装置。

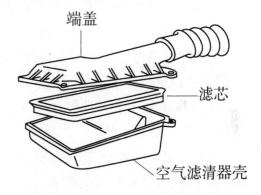

图 2-11　空气滤清器总成

排气系统的作用是汇集各个汽缸的废气，并将它们从汽车尾部排出。同时，排气系统应将排气噪声降低到在汽车内外都可以接受的水平。

进排气系统的检查和维护包括：检查并更换空气换滤清器；检查进、排气管的安装及密封情况；检查催化转换器是否堵塞和泄漏；检查消声器是否腐蚀。

一 检查并更换空气滤清器

1 操作步骤

（1）拆掉空气滤清器盖上的蝶形螺母和固定螺栓以及空气滤清器滤芯的盖子。

（2）从滤清器中拆去空气滤清器滤芯，确保没有异物，如小石子等，防止在拆除元件时掉入节气门体。如果空气滤清器总成较长，要从空气滤清器套管和管道系统里清除所有灰尘、砂粒等。

（3）目视检查空气滤清器中纸制滤芯是否有小孔，密封面和滤芯两侧的金属网有没有损坏。如果滤芯损坏或有小孔，就必须换掉滤芯。

（4）在空气滤清器内表面放一个故障检验灯，从滤芯向灯看去，灯光应可以从纸制滤芯中透过但不能看见滤芯中有小孔。如果纸制滤芯被灰尘或油污堵塞，灯光将不能从滤芯透过。当滤芯被灰尘或油污堵塞后，需更换。如果空气滤清器被油污染、活塞漏气过多或 PCV 系统故障，会造成发动曲轴箱内压力上升。

（5）如果空气滤清器壳体内滤芯周围内壁有灰尘，拆下空气滤清器壳体，用一块清洁的毛巾擦掉壳体内壁周围的灰尘。

（6）检查 PCV 入口滤芯是否有灰尘。部分 PCV 入口滤芯是用泡沫塑料制成的，这些滤清器可以在专用的溶剂里清洗，从而可以重复使用。如果 PCV 入口滤芯损坏或被灰尘堵塞，需更换。

（7）确保空气滤清器和节气门体之间的垫片工作状态良好，然后安装空气滤清器壳体。

（8）安装空气滤清器的滤芯，如图 2-12 所示，确保滤芯下面的密封件与空气滤清器体的表面有很好的配合。

（9）安装滤清器盖，确保端盖的密封面与滤芯配合良好。

（10）安装和拧紧蝶形螺母和固定螺栓。

（11）确保 PCV 软管和任何其他软管或传感器都与空气滤清器正确相连。

可用维修厂的压缩空气枪来清洁空气滤清器滤芯上的灰尘和杂质，如图 2-13 所示。确保压缩空气枪和空气滤清器有 20cm 左右的距离，直接将气流对准空气滤清器滤芯内部。当从滤芯中吹灰尘时，不要让压缩空气的压力超过 207kPa。冲洗完灰尘后，再用车间检测灯来观察滤芯上有没有小孔或灰尘。

第二章 汽车发动机的维护

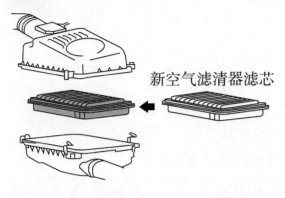

图2-12 更换新的空气滤清器滤芯

图2-13 清洁空气滤清器滤芯

不要让空气枪对着身体的任何部位,如果高压空气穿透皮肤进入血管,将造成身体重伤或死亡。

2 操作中应该注意的事项

(1)要在了解空气滤清器工作原理后再做维护工作。

(2)要使用厂家推荐型号的空气滤清器滤芯,在购买和使用前应做质量检查。

(3)要检查空气滤清器滤芯的密封圈,安装时空气滤清器滤芯不能装反,所有进气都必须通过空气滤清器滤芯。

(4)不要在发动机运转时做空气滤清器维护工作。

(5)在灰尘较大的环境下,不要拆空气滤清器滤芯,不能开着空气滤清器盖运转发动机。

(6)在没有空气滤清器滤芯过滤时,不要起动发动机。

(7)要及时清洁空气滤清器集尘装置中的灰尘。

(8)由于空气滤清器滤芯多为纸质,清洁时若用在地面磕掉灰尘的方法则用力要轻。若用压缩空气吹空气滤清器滤芯,气压不能过高,不要向里吹空气滤清器滤芯。

空气滤清器滤芯清洁次数不能过多,通常情况下应遵照厂家和特约维修站规定的更换周期更换。

常见汽车空气滤清器的维护参考周期见表2-1。

常见汽车空气滤清器的维护参考周期　　　表2-1

车　　型	常规检查、清洁滤芯	更　换　滤　芯
汉兰达	每20000km或12个月	每20000km
轩逸	每20000km或12个月	每20000km
宝骏730	每15000km或12个月	每15000km
宝马3系	每20000km或12个月	每20000km
迈腾	每20000km	每20000km
凯美瑞	每40000km或12个月	每40000km
悦动	每15000km	每15000km

二 检查进、排气管

检查进气管路　　检查排气管路

1 具体的检查项目

(1)目视检查进气管的安装情况是否牢固可靠。

(2)目视检查进气管是否有裂纹和损坏,必要时可以用歧管真空表检查进气管道的真空度。

(3)检查排气管螺栓的连接情况,如有松动应按照标准力矩要求进行紧固。

(4)检查排气管和消声器是否损坏。

(5)检查排气管支架上的O形圈是否损坏和脱落。

(6)检查连接垫片是否损坏,如图2-14所示。

(7)观察接头周围是否存在炭黑,检查排气管连接部分是否泄漏废气。

(8)用木块或橡胶锤轻敲消声器和催化转换器,检查内部是否有部件松动。

如果其内部结构出现松动,在敲击时会有"哗啦""哗啦"的响声。

2 操作中应该注意的事项

(1)发动机运转时排气系统的温度会很高,在检查具体项目时应该先让发动机和排气系统冷却到正常温度,并带上保护手套。

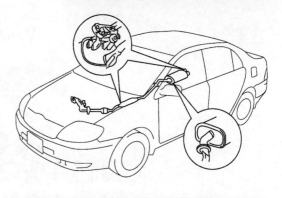

图 2-14　检查排气管

(2)在进行排气系统的所有检查和维护过程中,一定要带护目镜。

(3)发动机的尾气中含有有毒的一氧化碳气体,这种气体会引起呼吸道疾病,在检查和维护过程中要避免吸入过量的尾气。

三 正时带的检查与维护

发动机正时带一般都安装在发动机前方并用正时带罩盖好,其中上部和下部可以分别拆卸。对正时带进行检查维护时,将上部罩盖拆下,就可以看到正时带并用手触摸即可。

正时带检查维护时有三项指标,即过松、过紧和是否损坏。具体操作方法如下。

(1)拆下正时带上部罩盖,检查正时带松紧度。如果发现正时带过于松动,应该首先确定正时带的拉伸是否已超过张紧装置能补偿的极限。

(2)如果正时带过紧,则先通过正时带张紧器调整正时带张紧度,如图 2-15 所示。

(3)如果张紧器失效,应进一步检查张紧装置的状况。否则需要更换正时带。

(4)如果正时带松紧度合适,可以在正时带任一位置做好标记,并用手转动发动机,检查整条正时带的带齿是否有磨损或裂纹以及有无油痕或冷却液浸泡的痕迹。

(5)出现以上任何一种现象都应该更换新的正时带。

(6)更换正时带后要旋转发动机两圈,确保正时标记没有改变。

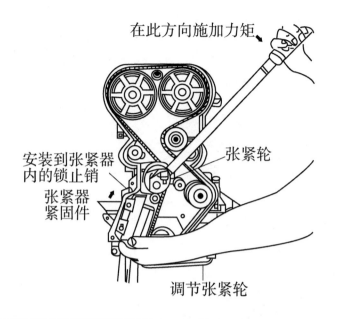

图 2-15　调整正时带张紧度

第三节　点火系统的维护

点火系统的作用是在正确的时刻向正确的汽缸提供适当持续时间的电火花,以点燃汽缸中空气与燃油的混合气。在所有发动机上使用的点火系统的工作原理基本相似,因为电火花将在适当的时刻在火花塞的间隙处产生电弧从而点燃燃烧室内的混合气。电火花的传递是次级点火系统的功能,而电火花的产生及其产生时刻则是初级点火线路的功能。这些原理在数十年间都未曾改变,所改变的是完成这些功能的零部件以及零部件的工作原理。汽车传统点火系统的组成如图 2-16 所示。

在现代汽车的高速汽油发动机上,已经采用由电子控制单元(ECU)控制的点火系统,又称数字式电控点火系统。这种点火系统由 ECU、各种传感器和点火执行器三部分组成。数字式电控点火系统按照结构分为分电器式和无分电器式两种类型。分电器式电控点火系只用一个点火线圈产生高压电,然后由分电器按照点火顺序依次在各缸火花塞点火。由于点火线圈初级线圈的通断工作由电子点火电路承担,因此分电器已取消断电器装置,仅起到高压电分配功能。单独点火方式是每一个汽缸分配一个点火线圈,单独点火系统电路图如图 2-17 所示。

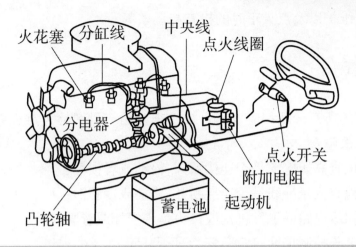

图 2-16 汽车传统点火系统的组成

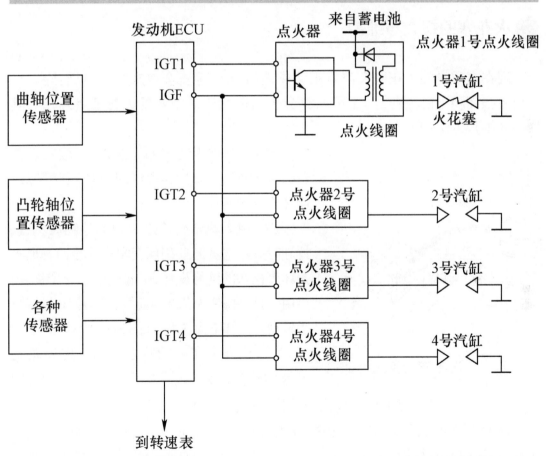

图 2-17 单独点火系统电路图

点火系统的检查和维护项目有目视检查各个元器件和导线的安装情况、点火开关的检查、火花塞的检查和维护、高压导线的检查与维护（某些车型）、点火线圈的检查与维护以及点火正时的检查与调整等。

⬤一 目视检查

点火系统的所有诊断都应该从目视检查开始。目视检查点火系统是否具有如下一些明显故障：

(1) 目视检查高压电缆是否连接断开、松动或者损坏；
(2) 目视检查低压导线是否连接断开、松动或者脏污；
(3) 检查初级电路的触发机构或接头是否损坏或者磨损；
(4) 检查电子控制单元(ECU)安装是否坚固。

⬤二 火花塞的检查与维护

现在高质量的火花塞大都采用铱或铂(白金)等贵金属来制造电极，除了可发出更强而稳定的火花外，比用铜镍合金制造的普通型号的火花塞更耐用。其检查和维护方法如下。

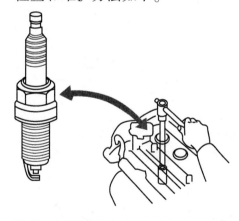

图 2-18　火花塞的正确拆卸

(1) 断开点火线圈的导线连接，依次拆下各汽缸的点火线圈，点火线圈应按顺序摆放，避免弄错顺序。

(2) 用火花塞套筒逐一卸下各缸火花塞。拆卸时火花塞套筒要确保套牢火花塞，否则，会损坏火花塞的绝缘瓷体，引起漏电。为了稳妥，可用一只手扶住火花塞套筒并轻压套筒，另一只手转动套筒卸下火花塞，如图 2-18 所示。

(3) 检查火花塞的状态。如发现火花塞绝缘体顶端起疱、破裂或电极熔化、烧蚀，则表明火花塞已烧坏，应更换。火花塞的状态如图 2-19 所示。

(4) 对燃烧状态不好的火花塞，应先进行清洁，去除火花塞瓷体上的积炭和污迹，然后检验其性能。

(5) 有条件时应使用火花塞清洁器清洁火花塞。检查时经验做法是：将火花塞放置在缸体上(使火花塞能与缸体导通)，用从点火线圈出来的中央高压线触到火花塞的接线柱上(不能有间隙)，打开点火开关使高压电跳火，让高压电通过火花塞,如果从火花塞间隙处跳火,说明火花塞是好的;如果不从间隙处跳火,说明火花塞的内部瓷体的绝缘体已被击穿,必须更换这只火花塞。

  a)正常   b)炭污   c)过热   d)油污

图 2-19 火花塞的状态

(6)清洁火花塞。检查火花塞的绝缘体,如有油污和积炭应清洗干净,瓷芯如有损坏、破裂,应予更换。清除积炭时,不要用火烤。

(7)检查、调整火花塞电极间隙。火花塞的间隙因车型不同而异,可以从随车手册中查到。如果找不到适当的依据,火花塞的电极间隙一般可按 0.8～1.1mm 进行调整。触点间隙过小,触点容易烧蚀;触点间隙过大,火花塞跳火会变弱,甚至断火。

(8)如果有火花塞量规,可用来测量火花塞电极间隙,如图 2-20 所示。如果手边没有量规,可用折断的钢锯片或刀片来代替量规,测量火花塞间隙。

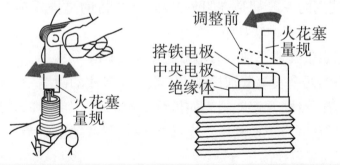

图 2-20 火花塞间隙的测量和调整

(9)火花塞间隙太大时,可用螺丝刀柄轻轻敲打外电极来调整,但不要用力过大,否则外电极可能因过度弯曲而损坏;间隙过小时,可用一字螺丝刀插入电极间,扳动螺丝刀,把间隙调整到符合要求为止。

(10)火花塞间隙调整好之后,外电极与中央电极应略成直角,如过度偏曲或电极烧蚀成圆形,则该火花塞不能再使用,应更换新品。

(11)安装火花塞。安装火花塞时,先用手抓住火花塞的尾部,对准火花塞孔,用手旋上几圈,然后再用火花塞套筒旋紧,要求达到标准的旋紧力矩,常见火花塞标准旋紧力矩见表2-2。如果用手旋入感觉有困难或费力,应把火花塞取下来,再试一次,千万不要勉强旋入,以免损坏螺纹孔。

常见火花塞标准旋紧力矩　　　　　　　　表2-2

火花塞类型	铸铁汽缸盖(N·m)	铝制汽缸盖(N·m)
14mm 衬垫	30～35	22～27
14mm 锥形座	9.5～15	7～15
18mm 锥形座	19～27	19～27

(12)安装各汽缸的点火线圈,要注意点火线圈的安装顺序,不要混淆。

三、高压导线的检查与维护

部分年代较远的老旧车型,依然配有高压导线,高压导线的主要作用是传递高压电给火花塞。由于其工作的环境温度变化大,易出现绝缘层老化、裂口等现象。它的主要故障现象有高压导线漏电、插头接触不良、高压导线失效等。高压导线老化或损坏后引起发动机怠速不良、加速断火、起动困难(在潮湿的地方更为明显)、动力不足、油耗增加等。

现代汽车使用的一般都是高阻尼高压导线,目的是排除车上音响及通信设备接收的干扰。其检查方法如下。

(1)将万用表量程选择到 R×1000 挡或 R×1 挡。

(2)万用表的两个表笔分别接触每一根高压导线的两端,如图2-21所示。

(3)扭动高压导线,观察欧姆表的指针变化情况。如果高压导线的电阻值超过表2-3的规定值,则应更换高压导线;如果高压导线的电阻为无穷大,说明高压导线已经断路,也应更换高压导线。

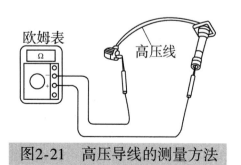

图2-21　高压导线的测量方法

高压导线技术参数　　表2-3

类　别	长度(mm)	电阻值(Ω)
中央高压导线	275	1650
一缸高压导线	450	2700
二缸高压导线	550	3300
三缸高压导线	600	3600
四缸高压导线	700	4200

四 点火正时的检查和调整

部分老旧车型需要检查点火正时。点火正时是指正确的点火时刻,点火时刻一般用点火提前角、曲轴转角或凸轮轴转角表示。当点火正时正确时,点火提前角处于最佳状态。然而,最佳点火提前角是随转速、负荷和汽油辛烷值等因素的改变而变化的。对于传统点火系统,随转速和负荷的变化,是在动态情况下由分电器上离心式调节器和真空式调节器自动调节的;随辛烷值的变化,则是在静态情况下通过获得最佳初始点火提前角,亦即获得最佳分电器壳固定位置得到的。当汽油辛烷值改变时,发动机的初始点火提前角也要随之改变,即改变分电器壳的固定位置。

发动机的点火正时是非常重要的,它直接影响到动力性、燃料经济性和排气净化。检测点火正时的方法有人工(经验)法、闪光(正时灯)法和缸压法等。

1 用人工法检查并校正点火正时

检查点火正时的目的是查证点火时间的准确性,而校正点火正时的目的是获得最佳初始点火提前角,亦即为了获得最佳分电器壳固定位置。检查及校正的方法在这里不做叙述。

2 用闪光法检测点火正时

闪光法是采用点火正时灯检测点火正时,是利用闪光与第1缸点火同步的原理测出发动机的点火提前角,目前应用比较广泛。其检查方法如下:

(1)先接上正时灯,再将传感器插接在第1缸火花塞与高压导线之间。

(2)事先擦拭飞轮或曲轴传动带盘上第1缸压缩终了上止点标记,最好用粉笔或油漆将标记涂白。

(3)发动机怠速下稳定运转,打开正时灯并对准飞轮壳或机体前端面上的正时标记,如图2-22所示。

(4)调整正时灯电位器,使飞轮或曲轴传动带盘上的标记逐渐与正时标记对齐,此时表头的读数即为发动机怠速运转时的点火提前角。

(5)若测出的点火提前角符合规定,说明初始点火提前角调整正确。

(6)用同样的方法可分别测出不同工况时的点火提前角,如果符合规定,还可说明离心式调节器和真空式调节器工作正常。

（7）如果测出的点火提前角不符合汽车发动机的规定值，则松开分电器固定螺钉，转动分电器壳体，将点火提前角调整到规定值。

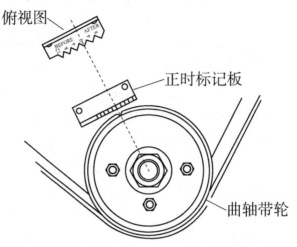

图 2-22　点火正时的测量位置

发动机怠速运转时，由于离心式调节器和真空式调节器未起作用或作用很小，此时测得的提前角实为初始提前角。在拆下真空管的情况下，发动机在某转速下测得的提前角减去初始提前角，即可得到该转速下的离心提前角；反之，在连接真空管的情况下，在同样转速下测得的提前角减去离心提前角和初始提前角，则又可得到真空提前角。测出的点火提前角应与规定值进行对照。

五、点火线圈的检查维护

点火线圈依照磁路分为开磁式及闭磁式两种。传统的点火线圈为开磁式，其结构及原理如图 2-23 所示，其铁芯用 0.3mm 左右的硅钢片叠成，铁芯上绕有次级绕组与初级绕组。闭磁式则采用类似的铁芯绕初级绕组，外面再绕次级绕组，磁力线由铁芯构成闭合磁路。闭磁式点火线圈的优点是漏磁少、能量损失小、体积小，因此电子点火系统普遍采用闭磁式点火线圈。

1　分电器式电控点火系统点火线圈的检查维护

（1）外观检查：点火线圈有无损坏或漏电现象，如有，应更换。

（2）测量点火线圈初、次级绕组的电阻值：测量前先断开点火开关，拆除点火线圈上的导线。初级绕组的电阻值，即点火线圈"＋"（或"15"）与"－"（或"1"）接柱之间的电阻值，应为 0.52～0.76Ω；次级绕组的电阻值，即点火线圈"－"（或

"1")与高压插孔之间的电阻值,应为 2.4~3.5kΩ。如果电阻值符合规定,说明点火线圈良好,应及时装上点火线圈上的所有导线。

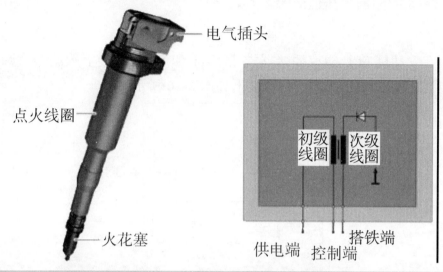

图 2-23　点火线圈结构及原理图

2 单独点火系统点火线圈的检测

1 线束和线束插接器检查

(1)断开点火线圈插接器,如图 2-24 所示。

(2)断开发动机 ECU E13 插接器,如图 2-25 所示。

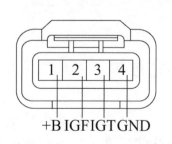

图 2-24　点火线圈插接器　　图 2-25　某轿车发动机 ECU 插接器

(3)检查发动机 ECU E13 插接器的端子 IGF 和发动机 ECU E13 插接器的端子 E2 之间的电阻,电阻值应在 1MΩ 以上。

(4)检查发动机 ECU E13 插接器的端子 IGT1 和点火线圈插接器的端子 IGT 之间的电阻,电阻值应在 1MΩ 以下。

(5)检查发动机 ECU E13 插接器的端子 IGT1 和发动机 ECU E13 插接器的

端子 E2 之间的电阻,电阻值应在 1MΩ 以上。

（6）检查发动机 ECU E13 插接器的端子 IGT1 和发动机 ECU E13 插接器的端子 E2 之间的电压,电压值应为 0.1~2.5V。

2 输出信号的检查

（1）在发动机 ECU 线束插接器端子 IGT1 和 E2 之间接上示波器,检查发动机运转或怠速时的输出波形。标准波形如图 2-26 所示。

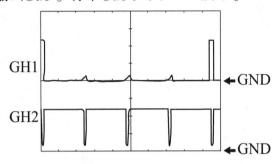

图 2-26　单独点火系统点火标准波形

（2）检查端子分别为:IGT1、IGT2、IGT3、IGT4 和 E2,以及 IGF 和 E2。检查条件为发动机怠速运转并且温度正常时。

图 2-26 中给出的是无干扰和振荡时的波形。发动机转速越高,波形频带越短。

第四节　冷却系统的维护

发动机在燃烧过程中,温度会高达 2000℃ 左右。当发动机怠速或者中速运转时,燃烧室的平均温度是 1000℃ 左右。缸内如此高的温度足以使铝制的活塞熔化,使汽缸壁发生扭曲,使汽缸盖发生翘曲,使润滑油变质。冷却液在缸体和缸盖的水套中循环时,不断吸收热量,将零部件的温度降到合适的工作温度。

到目前为止,使用最普遍、最有效的冷却发动机的方法是液态冷却系统,其组成如图 2-27 所示。在此系统中,吸热液体(冷却液)在发动机内循环时,将燃烧室周围的热量带走。水泵泵出这种液体,使其流过发动机,吸收燃烧热量以后,流进散热器,在散热器处液体将热量传给了大气。冷却后的液体又返回发动机再次进行循环。冷却系统能够使发动机温度保持在某个温度范围,在此温度范围内,发动机的性能最佳。

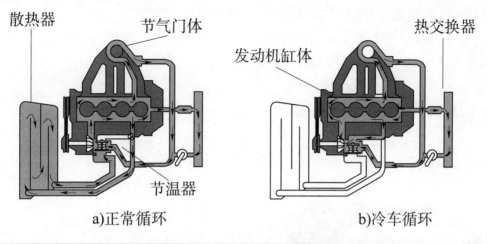

图2-27 冷却系统的组成

发动机冷却系统的维护项目有冷却液液位的检查与加注、冷却液更换、冷却系统的清洗以及散热器盖的检查等。

一、冷却液液位的检查与加注

如果冷却液泄漏,不仅会导致发动机过热,还会损害发动机本身,应该定期检查发动机冷却液液位并根据实际情况进行适量的添加。

(1)关闭发动机。

(2)检查膨胀水箱中的冷却液液位是否在MAX和MIN之间,如图2-28所示。

(3)如果液位不在规定的范围内,应添加符合混合比的冷却液。

(4)将车停放在水平地面上,准备好待用的冷却液。

(5)旋下散热器盖。如果发动机温度过高则不要急于打开散热器盖,以防止过热伤人。

(6)如果使用的是四季通用的冷却液,一般情况下可以连续使用两年不需要更换。如果使用的是乙二醇和水配比成的冷却液,则只能在冬天使用,冬季过后应该将其放尽,并将冷却系统冲洗干净。

(7)向冷却系统内加注符合要求的冷却液,并按照标准加至膨胀水箱MAX和MIN之间,不要加满冷却液,必须留有水蒸气的膨胀空间。

（8）冷却液快要加满时，可以起动发动机 2～3min 使冷却液循环，以排出冷却系统内的空气。

（9）再次检查冷却液液面，必要时应补充至规定值。

（10）目前市场上有部分车辆配有电子冷却液泵，更换冷却液泵的冷却液时需要使用专用设备进行真空加注，并需要执行排气程序。

二 检查冷却系统是否泄漏

（1）向散热器中加注冷却液至规定值，并装上散热器盖测试仪，如图 2-29 所示。

图 2-28　冷却液液面检查

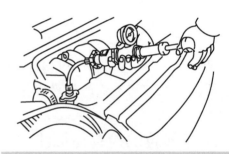

图 2-29　散热器盖测试仪安装方法

（2）发动机暖机到正常温度。

（3）通过散热器盖测试仪加压到一定压力，并保持 10min，检查压力是否下降。

（4）如果压力下降，则检查软管、散热器或水泵是否泄漏，如果没有外部泄漏，则检查暖风机芯、缸体和缸盖是否泄漏。

注意

发动机和散热器处于高温状态下，为避免烫伤，请不要拆下散热器盖，因为在压力作用下，水和水蒸气会喷出。

三 检查发动机冷却液品质

（1）拆下散热器盖。

(2)检查散热器盖和加注口处是否有锈迹或水垢,冷却液中应该没有油。

(3)如果冷却液太脏,则更换冷却液。

(4)检查冷却液冰点。首先,用取液管吸取冷却液,再滴在冰点测试仪测试片上,如图2-30所示。

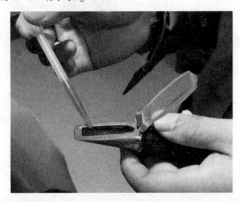

图2-30　检查冷却液冰点

(5)测试时,测试仪要水平放稳;最后目视观察窗即可读取冰点值。

> **注意**
>
> 冷却系统应按行驶一定的行驶里程或每隔一定的时间间隔(一般为两年)进行检查和更换;防冻液与水的比例在40∶60时,冷却液沸点为106℃,冰点为-26℃,比例在50∶50时,冷却液沸点为108℃,冰点为-38℃;要求按照冰点低于当地最低温度5℃左右配制冷却液。

四 散热器盖的检查

散热器盖的作用是:允许冷却液保持常压,目的是让冷却液的沸点保持在100℃以上;通过使冷却液和空气之间的温差更大,提高冷却效能。压力阀在高压下会打开,将冷却液送入储液罐。真空阀在低压下会打开,将冷却液吸出储液罐,如图2-31所示。

散热器盖检查的重要性是如果它不能正常工作,将导致发动机过热。其检查间隔期为每40000km或2年进行一次。

(1)使用散热器盖测试仪之前,要用发动机冷却液或水湿润真空阀和压力阀。

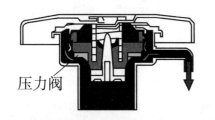
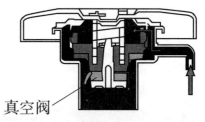

图 2-31　散热器盖的工作过程

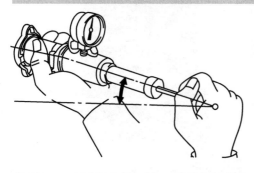

图 2-32　检查散热器盖的泵气方法

(2)使用散热器盖测试仪,慢慢用测试仪泵气,检查空气是否从真空阀流过。泵速:1 次/(3s 或以上),并以恒定速度推泵,如图 2-32 所示。

(3)如果空气不是从真空阀流过,则更换储液罐盖。

(4)用测试仪泵气并测量真空阀开启压力。根据车型的不同,真空阀的开启压力也不相同,请参考具体车辆的维修手册(大多数车辆的真空阀开启压力为 1.4Bar 左右)。

泵速只适用于第一次泵气过程(为了关闭真空阀)。第一次泵气后,泵速可以减慢。

(5)将测试仪的最大读数作为开启压力。

(6)如果开启压力小于最小值,则更换散热器盖。

五 节温器的检查维护

节温器能够控制冷却液的流动方向,使冷却液流向散热器或流过旁通阀,有时两种情况兼而有之。节温器通过这种方法对发动机的工作温度进行控制。

现代的节温器还能够在其处于打开状态时,减慢冷却液的流动速度,这对防止发动机过热有利。因为过热可能是由于冷却液在发动机内的流速过快,不能吸收足够的热量导致的。车辆节温器的常见安装位置如图 2-33 所示。

(1)确定节温器阀的开启温度,在节温器的边缘上有标注,如图 2-34 所示。

(2)把节温器浸入水中,并慢慢加热,如图2-35所示。

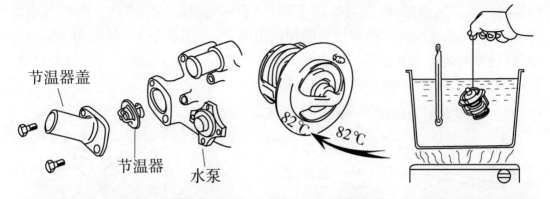

图2-33 节温器的常见安装位置　　图2-34 节温器阀开启温度　　图2-35 加热节温器

(3)检查阀开启的温度,应在规定的温度范围内,如果阀开启温度不在规定范围内,应更换节温器。

(4)检查节温器阀的开启升程,如果阀的升程不在规定范围内,如图2-36所示,则更换节温器。

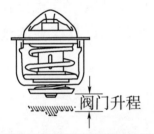

发动机	温度	阀门升程
1NZ-FE;2NZ-FE	95℃	8.5mm或以上
1ZZ-FE;3ZZ-FE	95℃	10mm或以上

图2-36 检查节温器阀开启升程及升程标准值

(5)温度低于77℃时,检查节温器是否完全关闭,如果没有完全关闭,则更换节温器。

六 冷却风扇的检查维护

电动冷却风扇(图2-37)的工作情况多种多样。有些风扇在发动机已经停止运转,并且点火开关已被转到OFF位置以后,还会运转一段时间,这段时间被称为冷却时间。只有当冷却液温度下降到预设的规定值时,风扇才会停止运转。

在有些系统上,如果空调系统高温侧的温度没有超过预设的温度值,那么即使空调开关被接通,风扇也不会工作。

大多数发动机是通过发动机控制系统控制冷却风扇的接地端控制冷却风扇的运转。维修风扇前,先查阅维修手册,以了解风扇的控制方法。降低风扇噪声,减小功率损失的另一种方法是使用风扇离合器(图2-38)。风扇和主动传动带轮(通常安装在水泵轴上)通过这种装置相连接,在高转速时,离合器会打滑,所以在发动机转速最高时,风扇不会旋转。

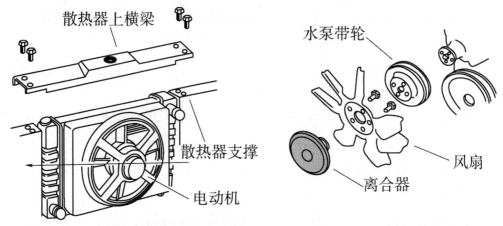

图2-37　电动冷却风扇　　　　图2-38　硅油风扇离合器

冷却风扇离合器可以是速度控制型的,也可以是温度控制型的。温度控制型冷却风扇的一个显著优点是它掌握发动机系统需要空气进行冷却的确切温度。

1　在低温下检查冷却风扇运转状况(83℃以下)

(1)将点火开关转至"ON"位置。

(2)检查冷却风扇是否停止。

(3)如果不停止,检查冷却风扇继电器和冷却液温度传感器,并检查它们之间的分离插接器或维修配线。

(4)断开冷却液温度传感器插接器。

(5)检查冷却风扇是否旋转。如果不旋转,检查热熔断丝、冷却风扇继电器、发动机ECU和冷却风扇,并检查冷却风扇继电器和冷却液温度传感器之间的短路情况。

(6)重新连接冷却液温度传感器插接器。

2　在高温下检查冷却风扇工况(93℃以上)

(1)起动发动机,将冷却液温度升高至93℃以上。

(2)确定冷却液温度是在出水口的冷却液温度传感器检测到的值。

(3)检查冷却风扇是否旋转。

(4)如果不旋转,则更换冷却液温度传感器。

3 **检查冷却风扇运转情况**

(1)通过检测设备驱动冷却液风扇或断开冷却液温度传感器电气插头,使风扇运转。

(2)检查冷却风扇运转是否平稳,是否有异响。

第五节　润滑系统的维护

发动机润滑系统的组成基本相同,主要由油底壳、机油泵、油道、机油滤清器、限压阀、机油压力传感器和机油压力警告灯等组成,如图2-39所示。

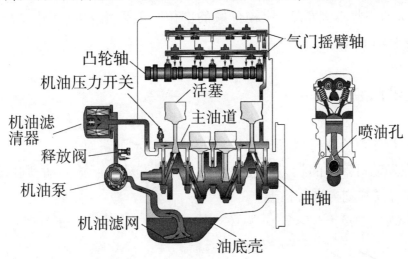

图2-39　发动机润滑系统的组成

润滑系统的功用是将机油不断地供给发动机各零件的摩擦表面,以减少零件的磨损,并带走摩擦表面上的磨屑等杂质,冷却摩擦表面,提高汽缸的密封性。机油黏附在零件表面上,避免了零件与空气、水、燃气等的直接接触,起到了减轻零件锈蚀和化学腐蚀的作用。

发动机工作时,由于各运动零件的位置、相对运动速度、承受的机械负荷和热负荷等不同,对润滑强度的要求也不同。为保证各运动零件润滑可靠,并尽可能简化润滑系统的结构,在发动机润滑系统中,根据各部位的工作特点采取了不同的润滑方式。

（1）利用润滑油泵将具有一定压力的润滑油输送到摩擦表面进行润滑，这种润滑方式称为压力润滑。发动机上一些机械负荷大、相对运动速度高的零件，一般都采用此种润滑方式，如：主轴颈与主轴承、连杆轴颈与连杆轴承、凸轮轴轴颈与凸轮轴轴承等。采取压力润滑比较可靠，但必须设专门的油道输送润滑油。

（2）依靠运动零件飞溅起来的或从专门的油孔中喷出的润滑油滴或油雾对摩擦表面进行润滑，这种方式称为飞溅润滑。发动机上的一些外露部位、机械负荷较小的零件或相对运动速度较低的零件，一般采用飞溅润滑方式，如：活塞与汽缸壁、凸轮与挺杆、活塞衬套等。采用飞溅润滑可靠性较差，但结构比较简单，在活塞与汽缸壁间采用飞溅润滑，还可以防止由于机油压力高而进入燃烧室参加燃烧，导致机油消耗异常、发动机工作恶化等。

（3）采用定期加注润滑脂的方法对摩擦表面进行润滑，这种方式称为定期润滑。发动机的一些不太重要、比较分散的部位一般采用此种润滑方式，如：水泵轴承、发电机轴承等。

一 检查机油液位

（1）进行此项检查时，要把汽车停放在平坦的水平路面上。

（2）在发动机停止的状态下进行检查。如果发动机已被起动，则应停止发动机运转，并等候片刻再进行检查。

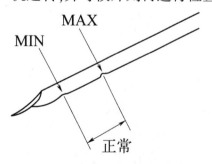

图 2-40　润滑油尺上的标示范围

（3）拔出油尺，用清洁的抹布擦掉油尺上的机油。

（4）把油尺插入油尺导孔内。

（5）慢慢地拔出油尺，检查油位是否在规定的范围内，如图 2-40 所示。

（6）若油面低于最小刻度位置，则应补充规定的机油。

（7）在怠速下运转发动机使其暖机，并关闭发动机，然后等候片刻再检查机油液位是否在规定的范围内。

（8）检查机油是否严重脏污，是否混有冷却液或汽油，以及黏度是否正常。

一些高端车型没有机油尺,需要通过仪表显示其机油状态。

若机油补充过多超出最大刻度位置,则反而对发动机性能不利。

更换发动机机油及机油滤清器

(1)起动发动机,预热运转直至冷却液温度达到80~90℃。

(2)拆下机油加注口盖。

(3)拆下放油螺塞,排出机油。

机油呈热态,请予注意。

(4)用机油滤清器扳手拆下机油滤清器。

(5)清洁滤清器托架侧的安装面。

(6)在新的机油滤清器的O形圈上涂少量机油,如图2-41所示。

(7)用手转动机油滤清器进行安装,并利用扭力扳手,按照标准力矩旋紧。

(8)机油完全排出后,更换一个新的排放螺塞垫片并按照标准力矩装好放油螺塞。

(9)重新注入规定数量的机油。

(10)检查机油液位。

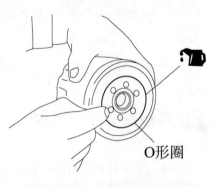

图2-41 在滤清器O形圈上涂抹机油

(11)空转发动机2~3min,然后关闭发动机,检查滤清器的安装部位和排放螺塞位置应不渗机油。

(12)再次检查机油液位。

(13)清洁场地和车辆,整理工具。

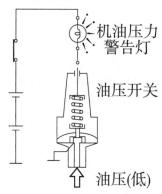

图 2-42　机油压力警告灯及原理图

三 检查机油压力警告灯是否点亮和熄灭

（1）保持车辆位于水平位置,将点火开关旋转至"ON"位置。

（2）检查驾驶室内仪表板上的机油压力警告灯是否点亮,此时压力警告灯应点亮,如图 2-42 所示。

（3）起动发动机使发动机怠速运转,观察发动机机油压力警告灯,此时应该熄灭。

（4）如果没有熄灭,则意味着润滑系统压力异常或警告灯及传感器损坏,需要立即停机进行进一步检测与维修。

仅凭压力警告灯是否点亮和熄灭,仍不能保证在发动机高速运转时,有正确的机油压力。因此,有些发动机还采用机油压力表来显示具体的机油压力。

四 其他安全注意事项

(1)避免长时间和反复地接触机油,特别是接触已用过的机油。

(2)穿防护工作服,戴防水的手套是切实可行的劳动保护措施。

(3)防止油类玷污衣服,避免与皮肤直接接触。

(4)不要把含油的抹布放在口袋里,使用无口袋的工作服可防止发生此问题。

(5)不要穿太脏的衣服和被油玷污的鞋袜。工作服必须经常清洗,并且应与普通的衣服分开清洗。

(6)如在机油可能会溅到眼睛的情况下工作,应注意保护眼睛,例如戴化学护目镜或面罩,另外,还应备有洗眼用品。

(7)当发生割破和有伤口时应立即进行救护处理。

(8)经常用肥皂和水把手上的油完全洗干净,特别是在饭前一定要洗手(使用皮肤洗涤剂和指甲刷可洗得更干净)。洗手后涂敷油脂以保护皮肤不让其失去自然脂肪。

(9)不要用汽油、煤油、柴油、气体油、稀释剂或溶剂清洗皮肤。

(10)在每次作业之前涂敷保护油脂,以便在作业结束后从皮肤上洗掉机油。

(11)如果发现患有皮肤病,应立即到医院去治疗。

第三章 汽车底盘的维护

学习目标

1. 了解底盘系统的组成和各个部分的功用；
2. 明确底盘系统的维护项目和具体内容；
3. 能够实施底盘各个部分的检查维护操作；
4. 掌握必要的安全生产注意事项。

汽车底盘由传动系统、行驶系统、转向系统和制动系统四部分组成，其功用为接受发动机传来的动力，使汽车运动并保证汽车能够按照驾驶人的操纵正常行驶。轿车底盘的组成如图3-1所示。

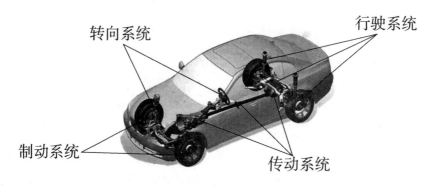

图3-1　轿车底盘的组成

第三章 汽车底盘的维护

第一节　传动系统的维护

汽车传动系统的功用是将发动机发出的动力按照需要传给驱动车轮,使路面与驱动车轮之间产生一个摩擦力,推动汽车行驶。

按照结构和传动介质的不同,传动系统可以分为机械式、静液式、液力机械式和电力式,其中机械式和液力机械式传动系统是应用最为广泛的两种形式。传动系统的组成部件有离合器、变速器、万向传动装置、主减速器、差速器和驱动轴,如图3-2所示。

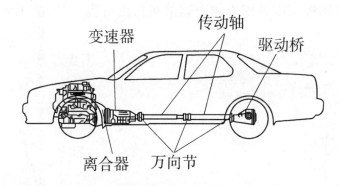

图3-2　传动系统的组成布置图

传动系统维护项目有离合器的检查与维护、变速器的检查与维护、主减速器的维护、传动轴的检查与维护以及驱动轴的维护等。

一、离合器的检查与维护

离合器的调整主要包括踏板自由行程的检查和调整,分离杠杆高度的检查和调整、液压操纵系统的排气等内容。维护需要的工具和材料有金属直尺一把、常用工具一套、制动液一桶、抹布若干等。

1　离合器的基本检查

(1)目视检查离合器主缸液体是否泄漏,如有泄漏应进一步检查。

(2)踩下离合器踏板,检查离合器踏板是否回弹有力。

(3)检查离合器踏板是否有过度松动现象。

(4)发动机怠速时,踩下离合器踏板,将变速器操纵杆换到1挡或者倒挡,检查是否有异常噪声和换挡是否平稳顺畅。

2 离合器踏板高度与自由行程的检查与调整

离合器踏板高度和自由行程过大,会导致离合器分离不彻底、换挡困难等故障;离合器踏板自由行程过小,会导致离合器打滑、烧蚀等故障。

(1)掀开地板地毯。

(2)用金属直尺抵在驾驶室底板上,先测量离合器踏板完全放松时的高度,即离合器踏板高度,如图3-3所示。如果测量值不在规定范围内,需要进行调整。

(3)用手轻轻按压离合器踏板,当感到阻力增大时再测量离合器踏板高度,前后两次离合器踏板高度差即为离合器踏板自由行程,如图3-4所示。

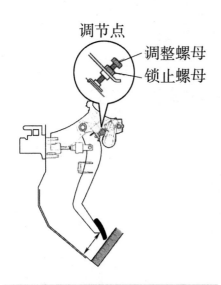
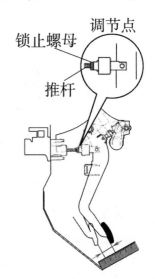

图3-3　离合器踏板高度的测量　　　图3-4　离合器踏板自由行程的测量

(4)如果测量的离合器踏板自由行程数值不在标准范围内需要进行调整。

(5)液压式操纵机构一般是通过调整主缸推杆长度来调整离合器踏板的自由行程的(图3-4)。

(6)先将主缸推杆锁紧螺母旋松,然后转动主缸推杆,从而调整离合器踏板的自由行程。

(7)调整后应将锁紧螺母旋紧,并重新测量离合器踏板的自由行程,确保测量值在规定范围内。

(8)有些车辆的操纵机构具有自动调整装置,如一汽大众速腾轿车,可以自动进行离合器踏板自由行程的调整。

3 离合器分离点的检查

在发动机怠速运转,踩下离合器踏板时,慢慢地换挡到倒车挡位置。逐渐松抬离合器踏板,测量齿轮噪声响起时离合器踏板的高度,丰田威驰轿车的离合器分离点的标准值为 25mm 或更多,如图 3-5 所示。

4 离合器液压操纵系统中空气的排除

离合器液压操纵系统在经过检修之后,管路内可能进入空气,在添加制动液时也可能使液压系统中进入空气。空气进入后,由于缩短了主缸推杆行程即踏板工作行程,从而使离合器分离不彻底。因此,液压系统检修后或怀疑液压系统进入空气时,就要排除液压系统中的空气。排除方法如下。

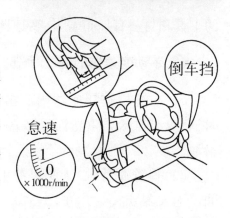

图 3-5　离合器分离点的测量

(1)使用举升机安全举升车辆,将主缸储液罐中的制动液加至规定高度。

(2)在工作缸的放气阀上安装一软管,接到一个盛有制动液的容器内。

(3)排除空气需要两个人配合工作,一人慢慢地踩下离合器踏板数次,感到有阻力时踩住不动,另一人旋松放气阀直至制动液开始流出,然后再旋紧放气阀。

(4)按上述方法连续操作几次,直到流出的制动液看不见气泡为止。

(5)空气排除干净之后,需要再次检查和调整离合器踏板自由行程。

二、手动变速器的维护

汽车发动机具有转速高、转矩小的特点,而汽车的实际行驶条件是非常复杂的;另外,发动机只能顺时针转动(从前往后看),而汽车在实际行驶过程中常常需要倒向行驶。因此,需要在汽车的传动系统中设置变速器,其具体功用是:①改变传动比,扩大发动机转速和转矩的变化范围,以满足车辆在不同工况的要求;②使汽车能够倒向行驶,即改变驱动轮的旋向;③中断发动机的动力传递。

手动变速器结构如图 3-6 所示,由变速传动机构和操纵机构两大部分组成。变速器传动机构的主要作用是改变传动比和旋转方向;操纵机构的作用是实现换挡。

手动变速器维护的项目有变速器的基本检查、更换变速器润滑油等。需要的工具和材料有抹布若干、变速器润滑油一桶,常用工具一套等。

1 手动变速器的基本检查

(1)首先检查变速器内润滑油量。变速器内润滑油过多,当变速齿轮转动时,润滑油因飞溅激烈而导致漏油。当润滑油量超过规定量时,应排出部分润滑油。

(2)检查油量时,从变速器上拔出油尺,油面高度应在"PULL"和"LOW"之间。绝大多数汽车手动变速器没有油尺,检查时需要旋转下润滑油加油口螺塞,用手检查润滑油的液位高度,如图3-7所示。若油面低于加注口螺塞位置较多,应及时加注润滑油。

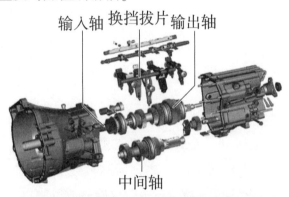

图3-6　手动变速器结构

图3-7　检查手动变速器润滑油液位

(3)检查变速器润滑油的品质。如果所用润滑油种类、牌号与车辆使用说明书要求的不对应、油质过脏等,都难以保证各齿轮的良好润滑,导致啮合传动噪声增大,变速器发响。润滑油存在浑浊、稀释或起泡等变质现象时,应予以更换。

(4)检查变速器通气管是否堵塞。变速器上设有通气管,可保证变速器内外的压力相等。若通气管被异物堵塞,变速器长期运转后,由于油温上升,油液压力随之增高,在通气管堵塞的情况下,变速器箱体内压力无法释放易造成油封失效而漏油。若通气管堵塞,应予以疏通。

(5)检查变速器箱体的紧固螺栓是否牢固。若紧固螺栓松动,造成变速器箱体间密封不良,变速器高速运转时,激烈飞溅的润滑油从箱体的缝隙处渗漏出来,如图3-8所示。当变速器箱体的紧固螺栓松动时,应按规定力矩拧紧螺栓。若仍不能排除故障,应拆下箱体,用薄刀片将接合面的残余密封胶清除,将密封胶均匀地涂抹在箱体接合面上,然后将箱体用螺栓紧固。

(6)检查变速器箱体表面有无裂纹。变速器若出现裂纹,润滑油将从裂纹处渗出。找出裂纹部位,裂纹较小时,采用焊接方法修复后可以使用;裂纹较大时,应更换变速器箱体。

(7)检查变速器各油封总成。若变速器各油封磨损严重、老化变形或损坏,会造成密封不严而渗油。当油封总成损坏、老化变形时,应予以更换。

2 更换变速器润滑油

(1)拆下加油口螺塞和垫片。

(2)拆下放油螺塞和垫片并将变质的油排净,如图3-9所示。

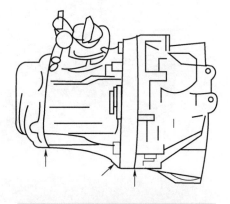

图3-8　检查变速器配合表面是否渗漏

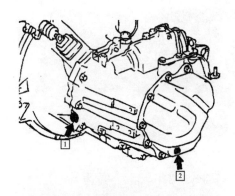

图3-9　手动变速器加油和放油螺塞

(3)将密封胶涂到放油螺塞的螺纹部,重新装上放油螺塞,并按规定力矩拧紧。

(4)从加油口加注规定牌号的润滑油至规定位置。

新车或大修后的车辆行驶至最初的 1000～2000km,应更换一次润滑油;而后,车辆每行驶 10000km 或半年,应检查润滑油一次;每行驶 40000km 或 2 年,应更换润滑油一次。

三、自动变速器的维护

自动变速器使离合器和变速器的操纵都实现了自动化,即可以实现自动换挡,如图3-10所示。自动变速器简称AT(Automatic Transmission)。目前自动变速器的自动换挡等过程都是由自动变速器的电子控制单元(英文缩写为ECU)控制的,因此自动变速器又可称为 EAT(Electronic Automatic Transmission)、ECAT(Electronic Controlled Automatic Transmission)、ECT(Electronic Controlled Transmission)等。

自动变速器的维护项目一般有基本检查、手动换挡试验、失速试验、换挡迟滞试验和 ATF(自动变速器润滑油)的更换等。需要的工具和材料有抹布若干、ATF 一桶、常用工具一套、车轮挡块等。

1 自动变速器的基本检查

(1)检查各配合表面是否漏油,如图 3-11 所示。

图 3-10　自动变速器

图 3-11　检查自动变速器是否漏油

(2)检查轴和拉索伸出的区域是否漏油。

(3)检查放油螺塞和加油口螺塞是否漏油。

(4)检查润滑油冷却器软管是否漏油。

2 ATF 液面高度的检查

ATF 液面高度过高会导致主油压过高,从而出现换挡冲击振动、换挡提前等故障;还会导致空气进入 ATF。如果 ATF 液面高度过低,则又会导致主油压过低,从而出现换挡滞后、离合器和制动器打滑等故障。ATF 液面高度检查的具体方法和步骤如下。

(1)热车,使发动机冷却液温度和 ATF 温度达到正常工作温度。

(2)将车辆停在水平地面,并可靠驻车。

(3)发动机怠速运转,将变速杆由 P 位换至 L 位,再退回 P 位。

(4)拉出变速器油尺,并将其擦拭干净。

(5)将油尺全部插回套管。

(6)再将油尺拉出,检查油面高度是否在"HOT"范围内,如图 3-12 所示;如果不在"HOT"范围内,应加注 ATF 至油面高度处于"HOT"范围。

3 更换 ATF

ATF 的更换间隔一般为 20000～40000km 或 24 个月,也有的自动变速器在 100000km 时更换即可。更换 ATF 的具体方法和步骤如下。

(1)举升车辆,拆下放油螺塞,将 ATF 排放到容器内,如图 3-13 所示。

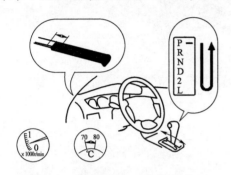

图 3-12　检查 ATF 液面高度

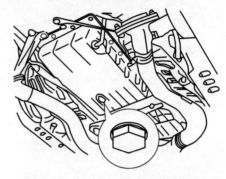

图 3-13　排放 ATF

(2)紧固放油螺塞。

(3)发动机熄火,通过加油管加入新的 ATF。

(4)起动发动机,将变速杆由 P 位换至 L 位。

(5)检查油位,应在"COOL"范围内。

(6)在正常温度(70～80℃)时检查油位,必要时加注 ATF。

需要说明的是,有些自动变速器如丰田皇冠的 A761E 型变速器,不采用上述的方式更换 ATF,其加注或更换 ATF 时,应先拆下注液塞和溢流塞,从注液孔处注入 ATF 直到从溢流孔流出。ATF 的选择要参照厂家的推荐。如图 3-13 所示,放油螺塞上标明了所使用的 ATF 为 TⅡ型。

4 检查并调整停车/空挡位置开关总成

(1)使用驻车制动器,并旋转点火开关到"ON"位置。

(2)踩下制动踏板,检查只有当变速杆置于 N 或 P 位时发动机才可以起动,在其他挡位时则不能起动,如图 3-14 所示,如不符合以上标准,需进行调整。

(3)只有变速杆置于 R 位时,倒车灯点亮,并伴有倒车蜂鸣声,在其他挡位时则不起作用,如不符合以上标准,需进行调整。

(4)松开位置开关总成上的螺栓,并把变速杆置于 N 位。

(5)用金属直尺,使空挡位置平行于空挡基准线。

（6）保持开关的位置，并紧固螺栓，如图3-15所示。

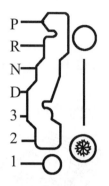

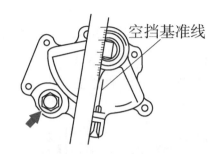

图3-14　变速杆位置选择　　　　图3-15　调整停车/空挡位置开关

（7）调整后重新检查开关性能。

5 自动变速器故障指示灯读取

和发动机电控系统一样，如果自动变速器电控系统出现故障，则变速器故障指示灯就会点亮，其点亮方式如图3-16所示，以此提醒驾驶者自动变速器系统存在故障，注意驾驶安全并尽快进行检查和维修。

图3-16　自动变速器故障指示灯

故障码读取之前一定要保证蓄电池电压正常、故障指示灯工作正常，否则会由于电压异常导致误诊断。故障码的读取是电控自动变速器维修最基础的一步，可以使很多故障的诊断简单化，但要注意故障码对于自动变速器的维修并不是万能的。

6 手动换挡试验

1 目的

手动换挡试验的目的是判断故障是来自电控系统还是机械系统。

2 方法与步骤

(1)脱开换挡电磁阀插接器。

(2)将变速杆置于各个位置,检查挡位是否与表 3-1 所列情况相同,如果出现异常则说明故障在机械系统。

手动换挡试验　　　　　　　表 3-1

变速杆位置	D	2	L	R	P
挡位	四挡	二挡	一挡	倒挡	驻车挡

(3)插上换挡电磁阀插接器,清除故障码。

(4)如果 L、2 和 D 位换挡位置难以区别,则进行道路试验。

(5)车辆行驶时,经过从 L 位至 2 位、2 位至 D 位的换挡,检查相应挡位的换挡变化。

(6)如果在上述试验中发现异常,则说明故障在变速器机械系统。

7 失速试验

1 目的

失速试验通过测量在 D、R 位时的失速转速来检查发动机及变速器的总体性能。

2 注意事项

(1)在发动机和变速器正常工作温度下进行该试验(50~80℃)。

(2)该试验连续进行不得超过 5s。

(3)为保证安全,请在宽阔水平地面上进行,并确保试验用车前、后无人。

(4)失速试验应由两人共同完成。一人观察车轮情况或车轮挡块情况,确保车辆安全,另一人进行试验。

3 方法与步骤

试验方法与步骤如图 3-17 所示。

(1)使用车辆挡块,塞住前后车轮。

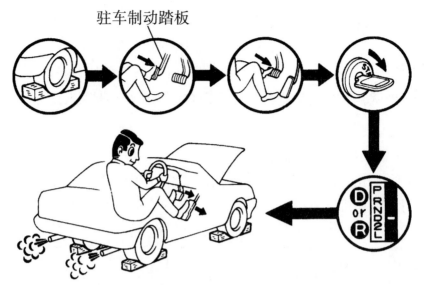

图3-17 失速试验

(2) 确认发动机转速表指示正常。

(3) 拉紧驻车制动器或踩下驻车制动踏板。

(4) 左脚踩下制动踏板。

(5) 起动发动机。

(6) 将变速杆置于D位。用右脚把加速踏板踩到底,同时迅速读取发动机转速,此时发动机转速就是失速转速。

如果在发动机转速未达到规定失速转速之前,驱动轮开始转动,应该放松加速踏板,停止试验。

(7) 在R位重复试验。

❹ 试验结果分析

常见车型自动变速器的失速转速一般在2200r/min左右,有的自动变速器的失速转速高于2800r/min。不同的车型,由于结构不同,试验结果体现的故障也不同,下面仅以丰田五挡自动变速器为例进行说明。

(1) 如果两个位置失速转速都相同,但均低于规定值,则可能是发动机功率不足或导轮(变矩器)单向离合器工作不正常。

(2) 如果在D位失速转速高于规定值,则可能是主油压太低、前进挡离合器工作不良或 O/D 单向离合器工作不良。

(3) 如果在 R 位失速转速高于规定值,则可能是主油压太低、直接挡离合器打滑、一挡及倒挡离合器打滑、O/D 单向离合器工作不良。

(4) 如果在 D 和 R 位失速转速均高于规定值,则可能是主油压太低、油液液面位置不正常、O/D 单向离合器工作不良。

8 换挡迟滞试验

1 目的

发动机怠速转动时拨动变速杆,在感觉车辆将要起动前进的时刻,会有一段时间的迟滞或延迟,这可用于检查 O/D 挡离合器、前进挡离合器、直接挡离合器及一挡和倒挡制动器的工作情况。

2 试验时应注意的事项

(1) 在正常工作油温下进行该试验(50~80℃)。

(2) 在各试验中保证有 1min 的间隔。

(3) 进行 3 次试验并取平均值。

3 方法与步骤

试验方法与步骤如图 3-18 所示。

(1) 拉紧驻车制动手柄。

(2) 起动发动机并检查怠速转速。

(3) 将变速杆从 N 位换向 D 位时,用秒表测量感觉到振动的时间,延迟时间应小于 1.2s。

(4) 从 N 位到 R 位用同样的方法测量,延迟时间应小于 1.5s。

4 试验结果分析

(1) 如果从 N 位到 D 位延迟时间大于规定值,则可能是主油压太低、前进挡离合器磨损、单向离合器工作不良。

(2) 如果从 N 位到 R 位延迟时间大于规定值,则可能是主油压太低、直接挡离合器磨损、倒挡制动器磨损或 O/D 单向离合器工作不良。

9 油压试验

油压试验一般是对主油压进行测试,也可对分路油压、速控油压等进行测试。其试验方法和步骤如图 3-19 所示。

图 3-18　换挡迟滞试验

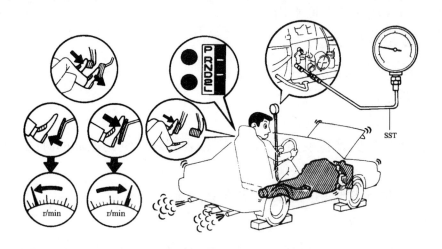

图 3-19　油压试验

(1) 运转发动机,使发动机冷却液和变速器润滑油温度正常。
(2) 拔去变速器壳体上的检查接头塞,连接压力表。
(3) 拉紧驻车制动手柄,使用车轮挡块塞住 4 个车轮。
(4) 起动发动机,检查怠速转速。
(5) 左脚踩下制动踏板,将变速杆换入 D 位。
(6) 发动机怠速下测量主油压。

(7) 将加速踏板踩到底。在发动机达到失速转速时迅速读取油路最高压力。

如果在发动机转速未达到失速转速之前,车轮开始转动,则松开加速踏板,停止试验。

(8) 在 R 位重复试验。
(9) 如果测量值不在标准范围内,则需进行下一步检查。
丰田 A341E 型自动变速器的主油压值见表 3-2。

丰田 A341E 型自动变速器的主油压值(kPa) 表 3-2

D 位		R 位	
怠速	失速	怠速	失速
363~422	902~1147	500~598	1236~1589

四 驱动轴的维护

(1) 举升车辆。
(2) 检查驱动轴安装情况是否正常。
(3) 用手转动轮胎,以使它们被完全转向一侧。
(4) 检查驱动轴护套的整个外围是否有裂纹或者其他损坏,如图 3-20 所示。

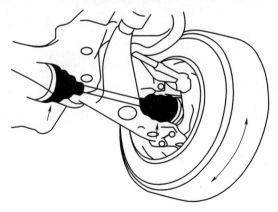

图 3-20　检查驱动轴及护套

(5)检查护套卡箍,确保其已经正确安装并且没有损坏。

(6)检查护套是否有润滑脂渗漏。

(7)驱动轴护套如有损坏和润滑脂泄漏,必须进行维修和更换。

第二节　转向系统的维护

转向系统是指由驾驶人操纵,能够实现转向轮偏转和复位的一套机构。转向系统的功用是按照驾驶人的意愿改变汽车的行驶方向和保持汽车稳定的直线行驶。

转向系统按照转向动力源的不同可以分为机械转向系统和动力转向系统两大类。机械转向系统是以驾驶人的体力作为转向动力源。动力转向系统除了驾驶人体力外,还以汽车动力作为辅助转向动力源,动力转向系统分为液压式、气压式和电动式。汽车转向系统组成如图3-21所示。

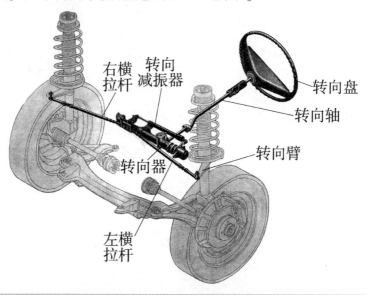

图3-21　转向系统的组成

转向系统的维护主要有转向盘的检查和调整、转向连接机构的检查和维护等项目。需要的工具和材料有金属直尺、弹簧秤和常用工具等。

一、机械转向系统的维护

1 检查转向盘与转向机构的连接情况

(1)双手握住转向盘,在轴向和径向方向用力摇动,观察此时转向盘是否移位,如图3-22所示。

(2)检查转向盘与转向轴的安装情况以及轴承是否松旷等。

(3)转向盘连接螺母应该紧固,支撑轴承完好无松旷,柱管装置稳固,支架无断裂,螺栓紧固。

(4)确保转向传动轴万向节应不松旷,滑动叉扭转间隙不大于0.30mm,接合长度不小于6mm。

(5)各横销螺栓应紧固,弹簧垫完好,防尘套完好无损。

(6)检查防尘罩是否有润滑脂泄漏,如图3-23所示。

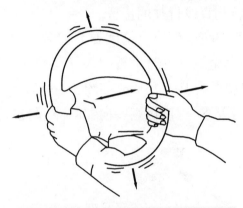

图3-22 检查转向盘轴向和径向移动

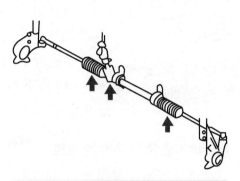

图3-23 检查防尘罩是否有润滑脂泄漏

(7)对于液压动力转向系统还要检查动力转向液是否有泄漏。检查位置有齿轮箱、叶轮泵连接软管等,如图3-24所示。

2 转向盘转动阻力的检查

转向盘转动阻力的检查一般用弹簧秤拉动转向盘边缘进行测量,如图3-25所示。

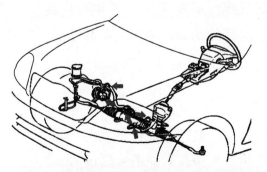

图3-24 检查动力转向液是否泄漏

图3-25 转向盘转动阻力检查

发动机怠速情况下转向盘的转动阻力与新车相比应有 5N 以内的差值;配用动力转向器时,发动机在怠速情况下,转向盘的转动力应小于 40N,如果不符合标准值,应该进行进一步检查。

❸ 转向盘自由行程的检查

汽车每行驶 12000km 左右,应检查转向盘的自由行程,检查方法是:

(1)在配备动力转向系统的车辆上,起动发动机;机械转向系统则无须起动发动机。

(2)将转向轮转到直线行驶的位置。

(3)轻轻移动转向盘,在转向轮就要开始移动时(或感觉到阻力时),使用金属直尺测量转向盘外缘的移动量,丰田威驰轿车的移动量为 10~15mm,如图 3-26 所示。

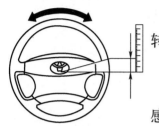

图 3-26　转向盘自由行程的检查

(4)如果不符合要求,应该检查转向器间隙、调整转向球头销等。

❹ 转向盘锁止功能的检查

(1)将点火开关转至"LOCK"位置,轻轻转动转向盘,此时转向盘应锁止不能转动。

(2)将点火开关转至"ACC"位置,转向盘应能自由转动。

❺ 转向摇臂的检查

(1)用磁力探伤法检查转向摇臂是否有裂纹和损坏,若有,必须更换。

(2)检查转向摇臂上端的锯齿花键有无磨损、损坏,若有,应更换。

(3)检查转向摇臂的锁紧螺母,其螺纹不应有损伤,否则应更换。

(4)检查转向摇臂下端和转向拉杆球头销的连接,应牢固、可靠,切不可松旷,否则应修复。

❻ 转向直拉杆和横拉杆的检查

(1)检查横拉杆杆体有无裂纹、弯曲。转向横拉杆的实际测量长度与标准长度的误差值一般不应大于 2mm。直拉杆 8 字孔磨损不应超过 2mm。

(2)检查各螺纹连接部位不应有损坏,与螺栓配合不应松旷,否则应更换,如图 3-27 所示。

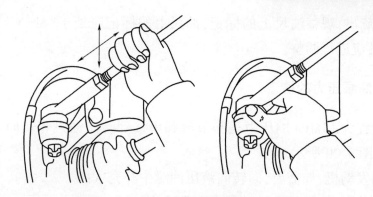

图 3-27　转向横拉杆和连接检查

(3) 检查球头销、球座体及钢碗无裂纹、不起槽;球头销颈部磨损不超过 1mm,球面磨损圆度误差小于 0.50mm,螺纹完好;弹簧不应有弹力减弱或折断现象。

(4) 防尘装置应齐全、有效。

7 转向节臂和梯形臂的检查

(1) 检查转向节臂和梯形臂是否有裂纹,若有,应更换。

(2) 检查两端部的固定与连接部位,不应有松动,要求牢固。

动力转向系统的维护

1 转向液压油罐油面高度的检查

(1) 将车辆停放在水平路面上,使前轮处于直线行驶位置。

(2) 起动发动机,使其达到正常的工作温度。

(3) 使发动机怠速运转大约 2min,左、右打几次转向盘,使油温达到 40~80℃,关闭发动机。

(4) 观察转向液压油罐的油面是否处于规定的范围内。

(5) 检查发动机运行和停止时的油位偏差是否在 5mm 以内,如图 3-28 所示。

(6) 对于用油尺检查的汽车,应旋下带油尺的封盖,用布将油尺擦净,插入油罐内旋

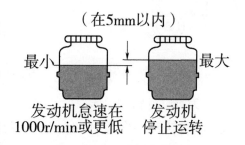

图 3-28　检查转向液压油油面高度差

紧，然后重新旋出，观察油尺上的标记，油尺上的标记应处于"MAX"与"MIN"之间，如不符合，应进行调整。

2 转向油泵压力的检查

（1）将量程为15MPa的压力表和节流阀串接到转向油泵和转向控制阀之间的管路中，如图3-29所示。

（2）起动发动机，如需要，向转向液压油罐中补充ATF。

（3）使发动机怠速运转，转动转向盘数次。

（4）急速关闭节流阀（不超过5s），并读取压力值。若压力足够，说明转向油泵正常；如果压力没有达到额定值，应检查安全阀和溢流阀是否完好，如不正常则应更换溢流阀、安全阀或更换转向油泵。

3 转向油泵传动带张紧力的检查和调整

汽车每行驶15000km，应检查转向油泵传动带的张紧度，必要时应更换。

方法一：将传动带张紧度测量仪安装在驱动传动带上，如图3-30所示，然后测量传动带产生标准变形量时所需力的大小。

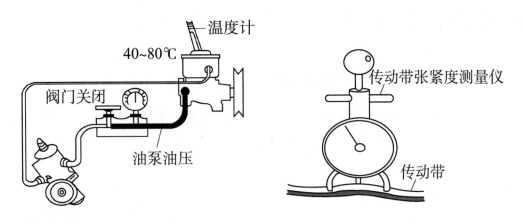

图3-29 转向油泵压力的检查　　图3-30 测量传动带张紧度

方法二：将汽车停在干燥路面上，运转发动机使转向液压油上升到正常温度，左右转动转向盘，此时传动带负荷最大，如果传动带打滑，说明传动带张紧度不够或转向油泵内有机械损伤。

方法三：关闭发动机，用手以约100N的力从传动带的中间位置按下，传动带应有约10mm的挠度，否则必须调整传动带张紧度。

第三节 行驶系统的维护

汽车行驶系统的结构形式因车型及行驶条件的差异而不同,不同形式的行驶系统其基本组成有所不同。汽车采用轮式行驶系统,其结构特点是通过轮胎直接与地面接触,通过车轮支撑整个车辆,并通过车轮的滚动驱动汽车行驶。

轮式行驶系统一般由车架(或承载式车身)、车桥(前后车桥)、车轮和悬架(前后悬架)等组成,如图3-31所示。

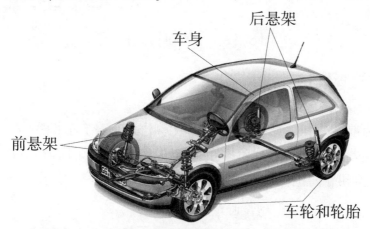

图3-31 轮式行驶系统的组成

行驶系统维护项目主要有车架的检修、悬架的检修、轮胎的检查维护等项目。所需的工具和设备有金属直尺、气压表、轮胎动平衡仪、四轮定位仪和常用工具等。

一、车架的检查维护

1 外观检查

从外观上检查车架是否有严重的变形、裂纹、锈蚀、螺栓或铆钉松动等现象。

2 车架变形的检修

车架弯曲可以通过拉线、金属直尺等来测量和检查。一般车架纵梁平面直线度允许误差为1000mm长度上不大于3mm。车架扭转通常采用对角线法进行测量。如图3-32所示,分段测量车架各段对角线1-1、2-2、3-3、4-4长度差,不应超过5mm。如果车架的各项形位误差超过标准值,则应进行校正。

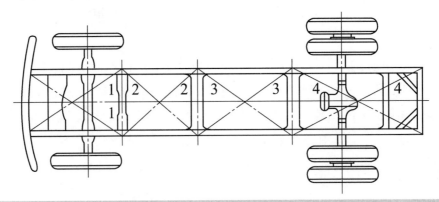

图 3-32　车架扭转的检查

悬架的检查维护

悬架分为前悬架和后悬架,是车架(或承载式车身)与车桥(或车轮)之间一切传力连接装置的总称。现代汽车的悬架虽然有不同结构形式,但一般都由弹性元件、减振器和导向机构等组成。悬架的组成如图3-33所示。

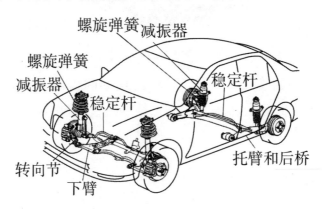

图 3-33　悬架的组成

1　前/后悬架的基本检查

(1)检查前/后稳定杆是否有损坏或变形,如有,应更换。

(2)检查减振器支柱是否漏油。若发现漏油,应更换整个支柱总成,如图3-34所示。

(3)检查衬套是否有损伤或磨损,如有,应更换。

(4)检查减振器上是否有凹痕。另外,检查防尘罩上是否有裂纹、裂缝或者其他损坏。

(5)检查轴承是否有不正常的噪声或卡滞现象,如图3-35所示。

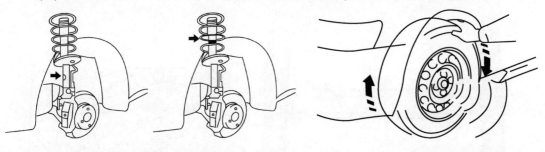

图 3-34　检查减振器　　　　图 3-35　检查轮毂轴承

(6)检查弹簧座是否变形或有裂纹。

(7)检查前悬架臂及其托架、转向节臂是否有裂纹、变形或损坏。

(8)检查前悬架臂接头转动是否灵活,球节螺栓是否损坏,防尘罩是否损坏,如图3-36所示。

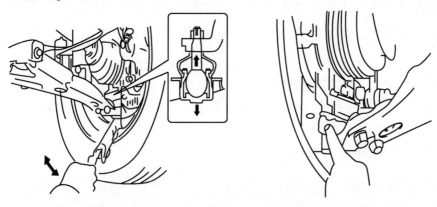

图 3-36　检查球节和防尘罩

(9)检查前悬架臂衬套是否变形、磨损或老化。

(10)检查前/后悬架连接螺栓是否符合规定力矩要求。

2　检查调整四轮定位参数

(1)在四轮定位检测仪上测量定位参数,如不符合规定值应进行调整。

(2)拆下齿条防尘套固定夹扣,旋松横拉杆端头锁止螺母。

(3)将左右齿条末端转动同样的圈数调整前束,使其达到规定范围,如图3-37所示。

(4)松开下摇臂球头销的固定螺母。

(5)将外倾调整杆插入图3-38中箭头所示的孔中。调整左侧时,从车辆后面插入调整杆;调整右侧时,从车辆前面插入调整杆。(各种车型的外倾角调整方法不同,需要查看厂家提供的操作方法。)

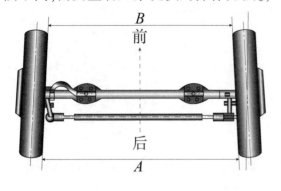

图 3-37　前束(前束 = A − B)

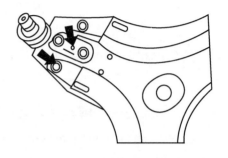

图 3-38　外倾角的调整方法

(6)横向移动球头销,直至达到外倾角值。

(7)紧固螺母并再次检查外倾角值,需要时重新进行调整。

(8)必要时重新调整前束。

三、车轮和轮胎的检查维护

1　拆卸车轮总成

(1)停稳车辆,用三角木掩住各车轮。

(2)取下车轮上的装饰罩,确定汽车左、右侧车轮与轮毂连接螺栓的螺旋方向,使用轮胎拆装机或用套筒扳手初步旋松各连接螺母,如图 3-39 所示。

(3)用千斤顶顶在车架或车身指定的位置,使被拆车轮稍离地面。也可以将车辆停在举升机上,升起车辆,使车轮稍离开地面。

(4)旋下车轮与轮毂连接的螺栓,并摆放整齐。

(5)从外边左右晃动车轮,从车轴上取下车轮总成。

轮胎气压检测

2　轮胎的检查维护

轮胎的检查主要是检查轮胎的磨损程度和轮胎气压。轮胎的磨损程度检查包括胎面花纹深度的检查和轮胎异常磨损的检查。

(1)检查轮胎表面是否有裂纹和损坏,如图 3-40 所示。

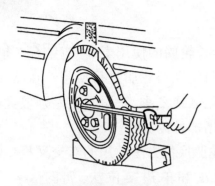
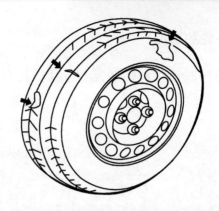

图 3-39　拆卸车轮　　　　图 3-40　检查轮胎表面裂纹和损坏

（2）检查轮胎是否有异常磨损，以便及时排除影响轮胎寿命的不良因素，防止早期磨损和损坏。

（3）利用轮胎气压表检查轮胎气压和气门嘴是否漏气，如图 3-41 所示。

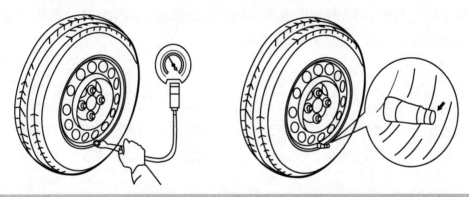

图 3-41　检查轮胎气压和漏气

（4）检查胎面花纹深度是否达到磨损极限，如图 3-42 所示。

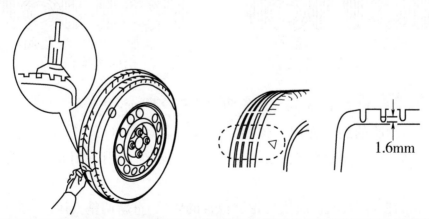

图 3-42　检查胎面花纹深度

3 轮胎换位

(1) 按时换位可使轮胎磨损均匀,有效延长轮胎的使用寿命,应结合车辆二级维护项目定期对轮胎进行换位。在路面拱度较大的地区或夏季,轮胎磨损差别较大时,可以适当增加换位次数。

(2) 轮胎换位方法常用的有交叉换位法、循环换位法和单边换位法,如图 3-43 和图 3-44 所示。装用普通斜交轮胎的六轮两桥汽车,常用图 3-43 中的交叉换位法,具体做法是:左右两交叉,主胎(后内)换前胎,前胎换帮胎(后外),帮胎换主胎。

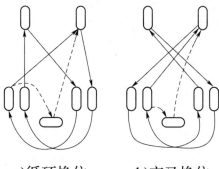

图 3-43 六轮两桥汽车轮胎换位法

对于四轮两桥汽车,斜交胎也可采用交叉换位法,如图 3-44a)所示。子午线轮胎宜用单边换位法,如图 3-44b)所示。

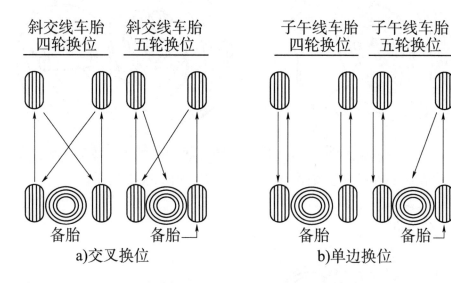

图 3-44 四轮两桥汽车轮胎换位法

子午线轮胎的旋转方向应该始终不变。若反向旋转,会因钢丝帘反向变形产生振动,使汽车的平顺性变差,所以一些轿车使用手册推荐使用单边换位法。

(3) 轮胎换位后,应按所换的轮胎位置的要求,重新调整气压。

(4) 轮胎换位后需要做好记录,下次换位仍要按上次选定的换位方法换位。

第四节 制动系统的维护

汽车制动系统的功用可以概括为3个方面：①使行驶中的汽车减速乃至停车；②使下长坡的汽车保持车速稳定；③使停驶的汽车可靠驻停。

一般汽车应该包括两套独立的制动系统：行车制动系统和驻车制动系统。行车制动系统由驾驶人通过脚来操纵，如图3-45所示。制动系统的前两个功用就是由行车制动系统来完成的。驻车制动系统一般由驾驶人用手来操纵，用于实现制动系统的第三个功用。

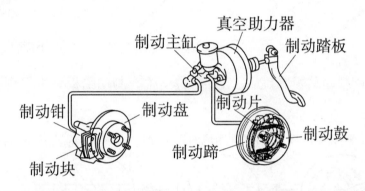

图3-45　行车制动系统

制动系统的维护有制动系统功能检查、制动器的维护、制动管路的检查与排气以及驻车制动器的维护等项目。需要的工具和材料有百分表、磁力表座、千分尺、制动鼓内径测量规以及制动液等。

一、制动系统功能检查

(1)检查制动踏板高度，如图3-46所示。

(2)检查制动踏板自由行程和行程余量，如图3-47所示。

(3)将发动机熄火，首先用力踩几次制动踏板，以消除真空助力器中残余的真空度。

(4)用适当的力踩住制动踏板，并保持一定位置，起动发动机，使真空系统重新建立起真空，观察踏板位置如图3-48所示。

(5)如果踏板位置下降，说明真空助力器工作正常；如果踏板位置保持不动，则说明真空助力器或真空止回阀损坏。

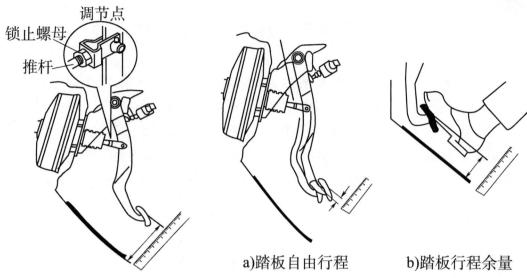

图 3-46　检查制动踏板高度　　　图 3-47　检查制动踏板自由行程和行程余量

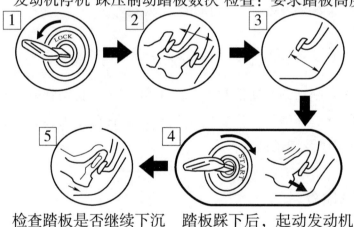

图 3-48　检查真空助力器

盘式制动器的维护

检查制动块厚度

1 检查制动块厚度

（1）使用一把金属直尺测量外制动摩擦片的厚度，如图 3-49 所示。

(2)通过制动钳内的检查孔目测检查内制动摩擦片的厚度,确保其与外制动摩擦片没有明显的偏差。

(3)检查并确保制动摩擦片没有不均匀磨损。

(4)如果制动摩擦片的厚度小于磨损极限,则更换。

(5)检查制动摩擦片是否有裂纹和损坏;检查制动摩擦片表面是否有烧蚀现象。

(6)检查制动钳中是否有液体渗漏。如果制动液溅出或者粘在车身油漆上,立即用水漂洗。否则,将损坏车身油漆表面。

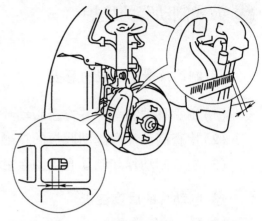

图3-49 检查制动摩擦片厚度

2 制动盘维护

(1)目视检查制动盘是否有裂纹和损坏、是否翘曲、是否有沟槽,如有,则更换。

(2)检查制动盘的厚度。用千分尺直接测量,测量位置应在制动块与制动盘接触面中心部位,如图3-50所示。BMW3系轿车前制动盘标准厚度为24mm,使用极限为22.4mm,超过极限尺寸时应予以更换。

(3)用百分表检查制动盘的端面圆跳动量,如图3-51所示。端面圆跳动量应不大于0.06mm。不符合要求可以进行加工修复或更换。

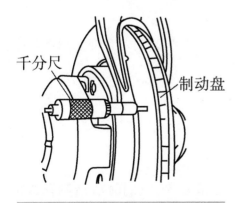

图3-50 检查制动盘厚度

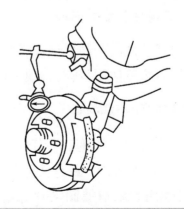

图3-51 检查制动盘端面圆跳动量

三、鼓式制动器的维护

1 制动片滑动区域的磨损

(1) 用手移动制动片并检查制动片移动是否平顺,如图3-52所示。
(2) 检查制动片和制动底板的接触面是否磨损。
(3) 检查制动片和制动底板的接触面是否生锈。

2 制动片的厚度检查

使用一把金属直尺测量制动片的厚度,如图3-53所示。

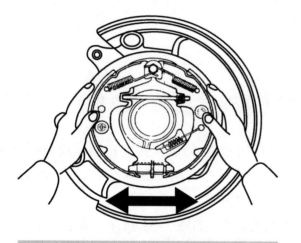

图3-52 检查制动片是否能正常移动　　图3-53 检查制动片厚度

3 测量后制动鼓内径

使用制动鼓内径测量规或者类似器具测量后制动鼓的内径,如图3-54所示。如果测量值超过使用极限,必须更换制动鼓。

4 磨损和损坏检查

(1) 检查后制动鼓是否有任何磨损或者损坏。
(2) 检查制动片是否有任何碎屑、层离或者其他损坏。
(3) 使用砂纸清洁制动片并清除油污。如果必要,应同时清洁制动鼓的内表面。

四 制动管路的维护

1 管路检查

检查整个制动系统的管路、接头,应无凹瘪、裂纹及漏油等现象。金属管路的管夹固定应牢靠,不得与车身等部件相擦碰。制动软管应无弯折、老化等缺陷,否则应进行相应的维修。

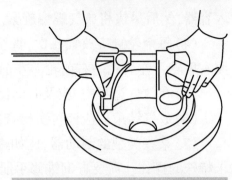

图3-54 测量后制动鼓内径

检查制动管路

2 液压制动传动装置的排放气

液压制动系统中渗入空气后,制动时系统中的空气将被压缩,造成制动踏板行程增加,踏板发软,影响制动效果。在维修过程中,由于拆检液压制动系统、接头松动或制动液不足等原因,造成空气进入制动管路时,应及时将制动系统中的空气排出。液压制动传动装置的排放气一般采用以下方法。

(1) 安装制动液更换专用工具。

(2) 将胶管一头接在放气螺塞上,另一头插在一个盛有部分制动液的容器中,如图3-55所示。

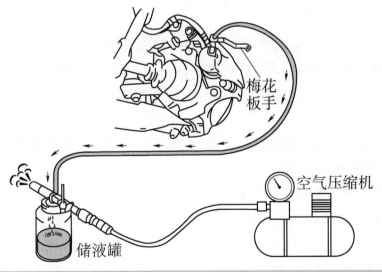

图3-55 液压制动系统排放气

(3) 将放气螺塞旋松1~2圈,此时制动液在高压空气的作用下从胶管中喷入容器,然后尽快将放气螺塞旋紧。

(4)每个轮缸应放气几次,直至将空气完全放出(制动液中无气泡)为止,按照右后轮→左后轮→右前轮→左前轮的顺序逐个放气。

(5)在放气过程中,应及时向储液罐内添加制动液,保持液面至规定高度。

(6)放气结束后应该再次检查制动液液面高度,不足则添加。

(7)某些类型的制动器,比如带有液压制动助力器或者 ABS 的车型,可能要求特殊的操作。需要查询维修手册。

五 驻车制动器的维护

检查驻车制动杆

(1)将汽车停放在平坦的地面上,拉紧驻车制动器操纵杆,挂入低速挡起步,若汽车很容易起步而发动机不熄火,说明驻车制动器性能不良。

(2)从驻车制动器操纵杆放松位置往上拉,直至拉不动为止。检查操纵杆的行程,若行程过大,说明操纵杆的自由行程过大,应调整,如图3-56所示。

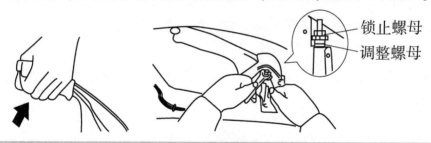

图 3-56　驻车制动器的检查和调整

(3)检查拉动操纵杆的阻力,若感觉没有阻力或阻力很小,说明操纵杆或拉索断裂、松脱,应更换或修复;若感觉很沉,说明操纵杆、拉索或制动器卡滞,应拆检修复。

(4)从检视孔检查后轮制动器(奥迪、桑塔纳等轿车)的间隙是否符合要求,若制动器间隙过大,应调整。

(5)应拆下驻车制动器,检查制动片是否磨损严重或有无油污;检查制动鼓是否磨损过甚、圆度超差或有沟槽;检查制动蹄运动是否卡滞,若有卡滞现象,应进行修复或润滑;检查制动片与制动鼓的接触面积是否符合要求,若接触面积过小,应更换或修整。

第四章 汽车电气设备的维护

学习目标

1. 了解汽车电气设备的组成和功用；
2. 掌握汽车电气设备的维护内容和方法；
3. 能够独立完成汽车电气设备的检查和维护操作；
4. 掌握汽车电气设备维护操作的安全规范。

汽车电气设备性能的好坏直接影响汽车的动力性、经济性、安全性、可靠性和舒适性。随着经济的发展，汽车工业有了广阔的前景，为了适应交通运输现代化的需要，人们对汽车的使用性能有了更高的要求。随着汽车结构的改进和性能的不断提高，传统汽车电气设备正面临着巨大的冲击。

由于电子技术在汽车上的应用日益广泛，汽车零部件电子化的程度越来越高，在照明、信号、报警、空调、辅助电器等方面已向小型化、自动化方向发展，其安全性、可靠性、使用性能及寿命等方面有了极大的提高。电子技术在解决汽车所面临的经济性、安全性、舒适性和尾气排放等问题方面具有极为重要的作用。

第一节 蓄电池的维护

蓄电池（俗称电瓶）是一种将化学能转换为电能的装置，是可逆的低压直流电源。蓄电池放电时，将其储存的化学能转换为电能；蓄电池充电时，将电能转换为化学能储存起来，直到化学能储存满时充电结束。

普通铅酸蓄电池主要由极板、隔板、电解液、壳体、连条等部分组成。蓄电池由单体电池组成，12V 蓄电池由六个单体电池串联而成，每个单体电池电压为 2.0V，如图 4-1 所示。

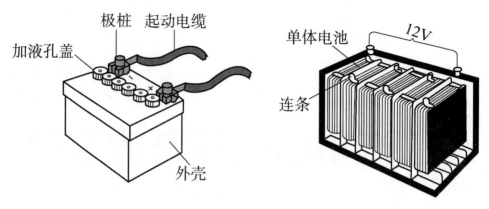

图 4-1　蓄电池的结构

汽车上装有发电机与蓄电池两个直流电源，蓄电池与发电机并联，共同向全车用电设备供电。在发动机正常工作时，由发电机向全车用电设备供电，与此同时，蓄电池处于充电状态，由发电机给蓄电池充电。

蓄电池的作用如下：

(1) 在发动机起动时，给起动机提供大电流，同时向点火系统、燃油喷射系统及发动机其他用电设备供电；

(2) 在发电机不发电时，由蓄电池向用电设备供电；

(3) 当取下汽车钥匙时，由蓄电池向时钟、发动机及车身 ECU (Electronic Control Unit) 存储器、电子音响系统及防盗报警系统等供电；

(4) 当用电器负荷较大，发电机超载时，蓄电池协助发电机供电；

(5) 当发电机正常发电时，蓄电池可将发电机的电能转换为化学能储存起来（即充电）；

(6) 蓄电池相当于一个大容量电容器，在发电机转速和负载变化较大时，能够保持汽车电源电压的相对稳定。同时，还可吸收电路中产生的瞬间过电压，保护汽车电器元件不被损坏。

蓄电池的维护项目有蓄电池技术状况的检查、蓄电池的合理使用、蓄电池的充电维护等。需要准备的工具有玻璃管、密度计、温度计、高率放电计和万用表等。

第四章 汽车电气设备的维护

一 蓄电池使用中技术状况的检查

1 电解液液面高度的检查

电解液液面应高出极板 10～15mm，某些型号的蓄电池电解液液面高度可以使用玻璃管测量，如图 4-2 所示。目前使用的新型蓄电池都是采用塑料透明壳体，可以从蓄电池侧面观察液面高度，蓄电池容器侧面有液面高度指示线，电解液不足时应加注蒸馏水。

除非确知电解液液面降低是由于电解液溅出所致，否则不允许向电解液中加入硫酸溶液。

2 放电程度的检查

蓄电池放电程度可以通过测量电解液密度得到。根据实际经验，电解液密度每下降 $0.01g/cm^3$，相当于蓄电池放电 6%，所以根据所测得的电解液密度就可以粗略估算出蓄电池的放电程度。如图 4-3 所示，电解液的密度用吸式密度计测量，注意在测量电解液密度时，一定要同时测量电解液温度，在 20℃时电解液的密度为 $1.25～1.28g/cm^3$。通过测量每个单元格的电解液密度可以确定蓄电池是否失效。如果单格蓄电池之间的测量结果的最高值和最低值之间相差 $0.05g/cm^3$，则该蓄电池失效。

3 起动性能的测试

蓄电池的主要作用是为起动机提供大电流，所以蓄电池的主要性能也就是起动性能。高率放电计模拟接入起动机负荷，测量蓄电池在大电流（接近起动机起动电流）放电时的端电压，用以判断蓄电池的起动能力和放电程度，如图 4-4 所示。

测试时，用力将高率放电计触针压紧蓄电池正、负极，保持 5s，若蓄电池端电压能保持在 9.6V 以上，说明该蓄电池性能良好，但容量不足；若电压稳定在

10.6~11.6V,说明蓄电池是充足电状态;若蓄电池端电压迅速下降,则说明蓄电池已损坏。

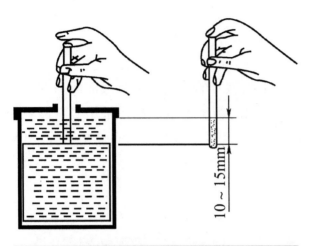

图4-2 用玻璃管测量电解液液面高度

图4-3 测量电解液的密度和温度

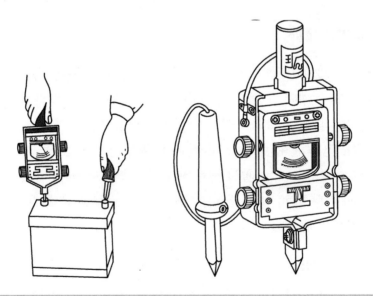

图4-4 用高率放电计测试蓄电池的起动性能

测试时间不要超过5s,并且不要连续测试。

4 蓄电池极桩连接状态的测试

为保证蓄电池在车上能给起动机提供大电流,除蓄电池本身的技术状况良好外,蓄电池极桩与电缆线的连接非常重要,极桩与电缆线的连接是否可靠可通过测量两者之间的压降来确定。如图 4-5 所示,将电压表正极表笔接到蓄电池的正极桩上,负极表笔接到正极桩电缆线的线夹上,接通起动机,使起动机带动发动机工作,这时电压表的读数不得大于0.5V,否则说明极桩与线夹接触不良,将产生起动困难。当极桩与线夹接触不良时,若是极桩表面氧化,应清除氧化物;若是接触松动,应重新紧固线夹。负极桩与其电缆线线夹的压降测量,表笔的连接方式与上述相反。

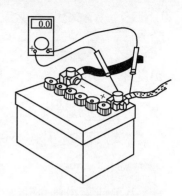

图 4-5 蓄电池极桩与电缆线的线夹接触压降的测试

5 蓄电池开路电压的检查

要想获得准确的检查结果,蓄电池必须是稳定的。若蓄电池刚充电完成,至少应该等待 10min,让蓄电池电压稳定,才能测量。把电压表接在蓄电池的两个极桩上,连接时认准极性。测量开路电压,读数要精确到 0.1V。

检查蓄电池电压

考虑到蓄电池开路电压在 25℃ 时处于较好状态的读数应为 12.4V 左右,若充电状态是 75% 或 75% 以上,就可以认为蓄电池"充足了电",其对应关系见表 4-1。

开路电压与充电状态的关系 　　表 4-1

开路电压(V)	充电状态(%)	开路电压(V)	充电状态(%)
12.6 或 12.6 以上	100	12.0~12.2	25~50
12.4~12.6	70~100	11.7~12.0	0~25
12.2~12.4	50~75	11.7 或 11.7 以下	0

开路电压测量用来确定蓄电池的充电状态,通常在密度计不适合或不能用的情况下采用。

6 免维护型蓄电池的检查

免维护蓄电池,又称 MF 蓄电池,其含义为在合理的使用期限内,无须进行日常维护或较少维护的蓄电池,即在合理使用期内不需要向电解液中补加蒸馏水,

a)良好　b)需充电　c)需更换

图4-6　通过检查孔检查蓄电池的技术状况

无须进行充电的维护作业。

免维护蓄电池的内部一般装有一只小型密度计,如图4-6所示。通过顶端的检查孔观察其颜色可以判断蓄电池的技术情况。

二、蓄电池使用中的维护

为了使蓄电池能够经常处于完好状态,延长其使用寿命,对使用中的蓄电池需进行下列维护工作。

(1)检查蓄电池在车上安装是否牢靠,起动电缆线与极桩的连接是否紧固,检查电缆线的线夹与极桩是否有氧化物,如图4-7所示,若有,则应及时清除。

 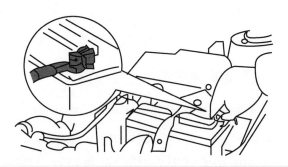

图4-7　蓄电池极桩连接情况检查

(2)经常检查蓄电池盖表面是否清洁,应及时清除盖上的灰尘、电解液等脏物,保持加液孔盖上的通气孔畅通,如图4-8所示。

检查蓄电池外观

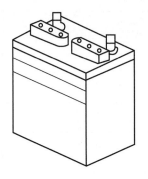 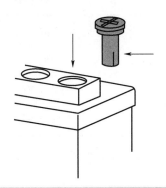

图4-8　蓄电池表面和通气孔的检查

(3)定期检查电解液的液面高度,液面一般应高出极板10~15mm。一般情况下,当液面较低时,应补加蒸馏水。

(4)定期对蓄电池进行补充充电,以保证蓄电池始终保持充足电的状态。

三 蓄电池的充电

蓄电池的充电作业方法常有恒压充电、恒流充电和脉冲快速充电三种,目前比较流行的充电方法是脉冲快速充电。蓄电池的充电作业根据使用情况,分为初充电和补充充电两种工艺过程。

1 充电作业方法

(1)蓄电池与充电机连接之前,应将蓄电池极桩和表面清理干净,将电解液液面高度调整到正常水平。

(2)正确连接充电机和蓄电池,如图4-9所示。

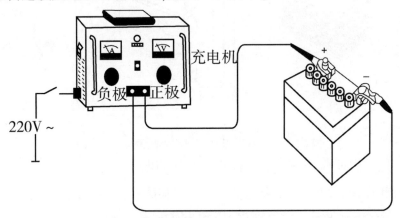

图4-9 蓄电池与充电机连接

(3)将充电机上的电压调节旋钮调至最小位置。

(4)打开交流电源开关。

(5)打开充电机上的电源开关,调节电压旋钮,观察电流表读数,直到电流表读数指示出所确定的电流值为止(按照充电规范,确定充电电流大小)。

(6)通过加液孔观察蓄电池的内部情况,用万用表测量蓄电池两端的电压,当有连续气泡冒出或连续3h电压不变时,应立即停止充电。

2 充电作业的注意事项

(1)严格遵守各种充电方法的操作规范。

(2)充电过程中,要及时检查记录各单格电池电解液密度和端电压。每2h检查记录一次即可,接近充电终了时,每1h检查记录一次。

（3）若发现个别单格电池的端电压和电解液密度上升比其他单格电池缓慢，甚至变化不明显时，应停止充电，及时查明原因。

（4）在充电过程中，必须随时测量各单格电池的温度，以免温度过高影响蓄电池的性能，当电解液温度上升到45℃时，应立即将充电电流减半，减小充电电流后，如果电解液温度仍继续升高，应该停止充电，待温度降低到35℃以下时，再继续充电，如图4-10所示。

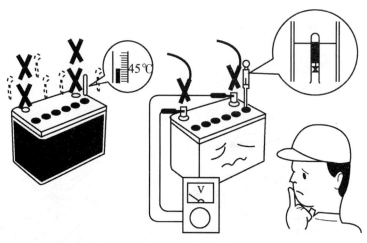

图4-10 蓄电池温度过高时停止充电

（5）初充电作业应连续进行，不可长时间间断。

（6）充电时，应旋出气孔盖，使产生的气体能顺利逸出，充电室要安装通风和防火设施，在充电过程中，严禁烟火，以免发生事故。

（7）就车充电时，一定要将蓄电池搭铁接线柱断开，否则充电机的高电压可能会将电控系统的电控元件损坏。

（8）如果蓄电池长时间未在行车中使用，如库存车蓄电池等，必须以小电流进行充电。

（9）对过度放电的蓄电池（空载电压为11.6V或更低）进行充电时，不可采用快速充电方法充电，这种蓄电池充电时间至少应为24h。

四 蓄电池的跨接

（1）跨接线的连接方法是将一个12V的备用蓄电池和原车蓄电池的正极与正极、负极与负极相连，如图4-11所示。

（2）用起动电源跨接起动时，跨接电压不能超过16V，以防损坏发动机电控

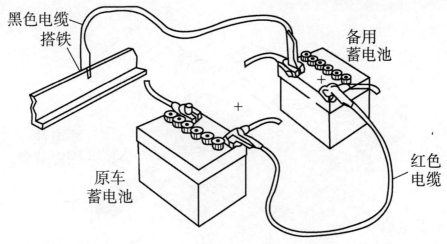

图 4-11　与备用蓄电池的连接方法

系统。

不能长时间采用上述方法起动。

五 蓄电池拆装时的注意事项

（1）拆装、移动蓄电池时，应轻搬轻放，严禁在地上拖拽。

（2）安装前应检查待用蓄电池型号是否和本车型相符，电解液密度和高度是否符合规定。

（3）安装时必须将蓄电池固定在托架上，如图 4-12 所示，塞好防振垫，以免汽车行驶时蓄电池在框架中振动。

（4）极桩上应涂上凡士林或润滑油，以防腐防锈。极桩卡子应紧固，与极桩之间要接触良好。

（5）蓄电池搭铁极性必须与发电机一致，不得接错。

（6）接线时先接正极后接负极，拆线时按相反顺序进行，以防金属工具搭铁，造成蓄电池短路。

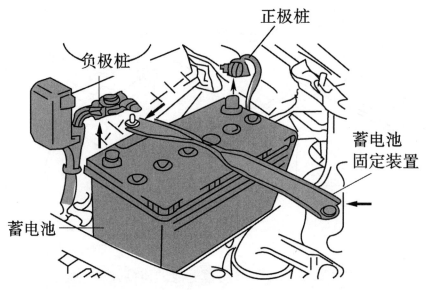

图 4-12　蓄电池的固定方法

第二节　交流发电机与起动机的维护

一、交流发电机的维护

交流发电机是汽车电源系统的重要组成部分,它与发电机调节器互相配合工作,其主要任务是对除起动机以外的所有用电设备供电,并向蓄电池充电。汽车发电机有交流发电机和直流发电机两种。汽车用交流发电机是随着半导体整流技术的出现而发展起来的,目前主要有硅整流交流发电机、感应式交流发电机等,其中以硅整流交流发电机在汽车上的应用最为普遍,已取代了传统的直流发电机。

汽车用交流发电机,多采用三相同步交流发电机,由 6 只二极管构成三相桥式全波整流器。各国生产的交流发电机都大同小异,主要由定子、转子、集电环、电刷、整流二极管、前后端盖、风扇及带轮等组成,如图 4-13 所示。有的还将调节器与发电机装在一起。

交流发电机的维护项目有交流发电机的基本检查、交流发电机性能检查以及交流发电机输出特性检查。需要准备的工具有传动带张力计、万用表、游标卡尺以及示波器等。

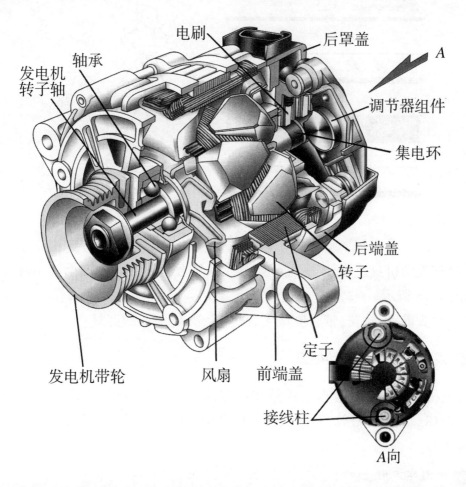

图 4-13　交流发电机的组成

1 发电机的基本检查

1 发电机传动带的检查和调整

（1）检查发电机传动带的安装情况是否正常。

（2）检查发电机传动带是否有撕裂、磨光、裂纹等情况，并检查传动带张紧度是否合适，如图 4-14 所示，上述情况会造成充电系统故障。

（3）如果张紧度不正常，则调整传动带张紧度。

2 发电机轴承的检查

（1）发电机轴承的轴向间隙和径向间隙应不大于 0.20mm，滚珠和滚道无斑点。

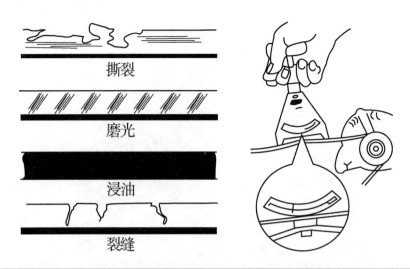

图 4-14　发电机传动带损坏形式及张紧度的检查

（2）使发动机怠速运转，通过听诊器或螺丝刀诊断发电机轴承转动时有无异响，如图 4-15 所示。

（3）检查前、后端盖，带轮应该无裂纹、变形，绝缘垫应完好。

2 发电机整体性能的检查

发电机整体性能的检查主要是在不解体发电机的前提下，判断发电机二极管是否损坏。如果二极管损坏，而又不能及时更换损坏的二极管，可能会导致其他零件失效。

1 用数字万用表检测

（1）用数字万用表的二极管测试功能，一个表笔接触发电机壳，另一个表笔接触发电机输出端，如图 4-16 所示。

图 4-15　用听诊器或螺丝刀诊断轴承异响

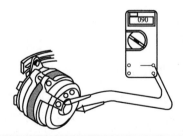

图 4-16　用数字万用表测试发电机的二极管

（2）万用表读数在 0.8V 附近时，表示正常；万用表读数为 0.4V 时，表示单个二极管短路。

(3)对调两个表笔,再次测量,当两个二极管短路时,万用表会发出连续的蜂鸣声。

(4)为了确定是哪个二极管失效,应把发电机拆解后,再单独检查每个二极管。

❷ 用示波器检查

用示波器在负载情况下观察发电机输出的波形,也是判断二极管是否损坏的方法。用示波器检查发电机输出波形的步骤如下:

(1)将示波器连接到发电机 B 端子和搭铁之间,连接方法如图 4-17 所示。

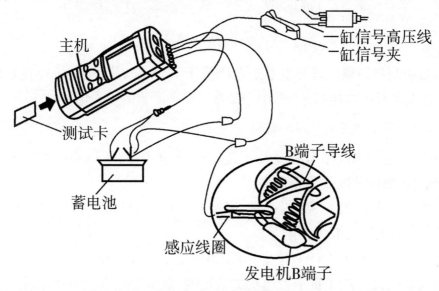

图 4-17　用示波器测量发电机波形连接方法

(2)将示波器调整到发电机波形测试功能。

(3)起动发动机,记录发电机的输出波形。

(4)参照图 4-18 所示的参考波形,对比分析发电机工作性能。

❸ 发电机输出特性检查

❶ 充电系统空载电压检测

(1)将电压表并联到蓄电池电缆接头上。

(2)测量蓄电池开路电压,一般情况下蓄电池开路电压为 12.66V。

(3)把发动机转速提高到大约 1500r/min,在有负载的情况下,充电系统电压应比蓄电池开路电压高约 2V。根据汽车型号的不同,充电系统电压在 13.5～15.0V 之间。

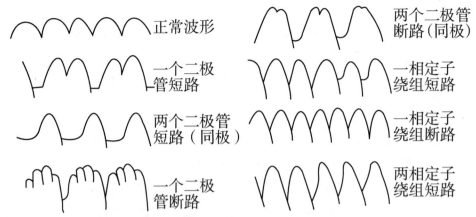

图 4-18 发电机的输出波形

(4) 分析测量结果。若充电系统电压低于 13.5V,表明发电机存在发电不足的问题;若充电系统电压高于 15.0V,表明出现了严重的过充电。

❷ 发电机输出线路的电压降检测

如果发电机输出线路电阻过大,也会造成充电不良,所以要检查发电机 B 端子和蓄电池正极桩的配线是否正常。

(1) 检查发电机的安装状态是否正常;检查发电机传动带的张紧度是否正常;检查发电机运转时有无异响等。

(2) 把点火开关转到 OFF 位置,拆下蓄电池的负极电缆。

(3) 从发电机 B 端子拆下发电机的输出线,在 B 端子和已拆下的输出线之间串联一个 0~100A 的测试用直流电流表,线路连接如图 4-19 所示。

(4) 如果采用钳形电流表,就可以在不拆发电机输出线的情况下测量,这样可避免因连接不良而造成测量误差。

(5) 把一个电压表接在交流发电机的 B 端子和蓄电池正极之间。

(6) 起动发动机,当转速为 2500r/min 的状态时,用打开或关断前照灯和其他用电器的方法来调整发电机的负载,使电流表指针指示在比 30A 稍高的位置。慢慢地降低发动机转速使电流表的指示值为 30A,并读取此时的电压表指示值,极限值为 0.3V。

(7) 观察电压表的指示,若电压值高于极限值,可以认为发电机的输出不良,应检查发电机 B 端子和蓄电池正极间的配线(包括熔断丝)。

(8) 测试结束后,先关掉全部的用电器,再把点火开关转到 OFF 位置;拆下蓄电池的负极电缆;拆去测试用的电流表、电压表;将发电机的输出线接到发电机 B

端子;最后连接蓄电池的负极电缆。

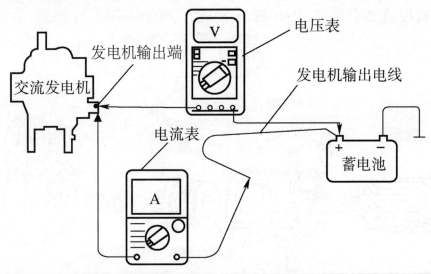

图 4-19　发电机输出线路电压降检查

起动机的维护

汽车发动机是由起动系统提供较大转矩从而开始运转的。起动系统由蓄电池、起动机、起动继电器、开关等组成,如图 4-20 所示。起动机在点火开关和起动继电器的控制下,将蓄电池的电能转化为机械能,带动发动机飞轮齿圈使曲轴转动,完成发动机的起动。

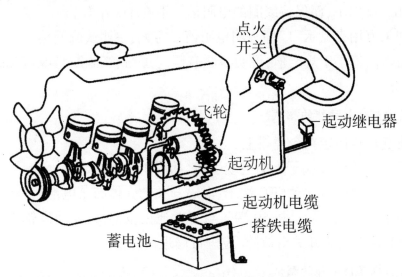

图 4-20　起动系统的组成

起动机(俗称"马达")是起动系统的主要组成部分,一般由直流串励式电动机、传动机构、电磁开关三部分组成,起动机的分解图如图4-21所示。

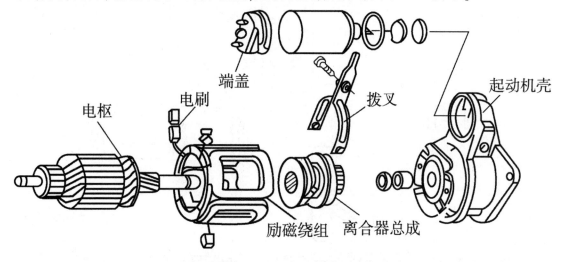

图 4-21 起动机的分解图

起动机不解体检查维护项目有电磁开关的检查、起动机性能测试等项目。所需的工具和设备有万用表、蓄电池、连接导线和台虎钳等。

1 起动机电磁开关的检查

❶ 电磁开关线圈的检测

(1)用万用表电阻挡分别测量吸引线圈和保持线圈的电阻,吸引线圈的电阻值一般在0.6Ω以下,而保持线圈的电阻值一般在1Ω左右。

(2)如果万用表显示"1"即表明电阻值无穷大,说明线圈断路。

(3)若电阻值小于规定值,说明线圈有匝间短路、线圈断路或短路故障,需更换电磁开关。

❷ 起动机吸引动作的测试

(1)将起动机固定在台虎钳上。

(2)拆下起动机C端子上的电缆引线,如图4-22所示。

(3)用带夹电缆将起动机C端子、电磁开关的壳体与蓄电池的负极相连。

(4)用带夹电缆将起动机50端子与蓄电池正极连接,驱动齿轮应向外移动;如果不移动,说明电磁开关有故障,应进行修理或更换。

❸ 起动机保持动作的测试

(1)当驱动齿轮保持在伸出位置时,拆下起动机C端子,如图4-23所示。

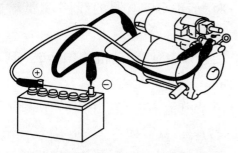
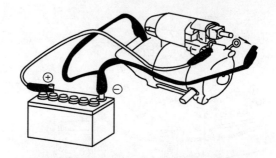

图 4-22　起动机吸引动作的测试　　　图 4-23　起动机保持动作的测试

（2）此时驱动齿轮应保持在伸出位置不动，若驱动轮复位，说明保持线圈断路，应进行维修。

（3）在保持动作测试状态下，用游标卡尺测量小齿轮和止动环之间的间隙，如图 4-24 所示。

❹ 起动复位动作的测试

在保持动作的基础上，拆下起动机壳体上的电缆夹，如图 4-25 所示，此时驱动齿轮应迅速复位。如果驱动齿轮不复位，说明复位弹簧失效，应该更换电磁开关总成。

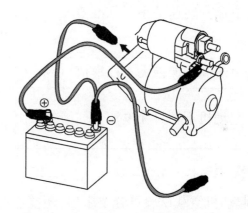

图 4-24　检查小齿轮与止动环的间隙　　　图 4-25　起动机复位动作测试

2 起动机性能测试

❶ 起动机空载试验

（1）将起动机固定在台虎钳上，按照图 4-26 连接线路。

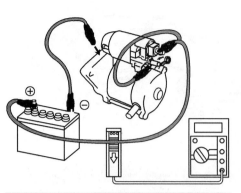

图4-26 起动机空载试验

(2)将起动机与电源的线路按要求连接,但开关断开。

(3)接通开关,使起动机均匀运转,但不要超过1min。

(4)记录电流表数值,并用转速表测量起动机的转速。

(5)空载试验标准要求:起动机转速在6000～12000r/min,起动电流应在60～100A。如果测量结果不符合要求,对比分析起动机性能,见表4-2。

分析起动机性能(空载试验)　　　　表4-2

测量结果	结果分析
若电流大于标准值,而转速低于标准值	说明起动机装配过紧或电枢线圈和磁场线圈内有短路或搭铁故障
若电流和转速都小于标准值	说明起动机线路中有接触不良的地方,或电刷弹簧压力不足,或换向器与电刷接触不良
若电流和转速都大于标准值	说明起动机磁场线圈有短路故障
若起动机不转且无电流	说明磁场线圈开路、电枢线圈开路、电刷弹簧或电刷折断

❷ 起动机全制动试验

起动机空载试验符合要求后,还要进行起动机全制动试验,以检验起动机的转矩和单向离合器的工作状态。以一汽丰田1.6L排量卡罗拉车型使用的QDJ-80431-FT型起动机为例进行全制动试验,全制动试验方法如下:

(1)将起动机固定在台虎钳上,按照图4-27所示连接线路。

(2)将起动机与电源的线路按要求连接,但开关断开。

(3)接通开关,使起动机运转,但不要超过1min。

(4)记录电流表、电压表读数,并记录转矩。

(5)起动机全制动试验标准要求:起动机转速在200～240r/min,起动电压应保持在 10.5V 以上；起动电流 4 缸发动机应在 75～150A，6 缸发动机应在 100～175A，小型 8 缸发动机应在 125～200A，大型 V8 发动机应在 150～300A。对比分析起动机的性能，常见故障现象及原因见表 4-3。

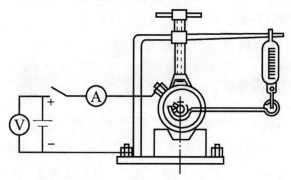

图 4-27　起动机全制动试验

分析起动机的性能（全制动试验）　　　　　　　　　　表 4-3

测量结果	结果分析
若电流大，转矩小	说明磁场线圈或电枢线圈短路或搭铁不良
若电流小，转矩也小	说明起动机内部接触电阻过大；若驱动齿轮锁止而电枢轴有缓慢的转动时，说明单向离合器打滑

第三节　空调系统的维护

汽车空调的功能是通过人为的方式创造一个对人体适宜的环境，即对车内的温度、湿度、气流速度进行调节，并具有净化空气的功能。除此之外，汽车空调还能除去风窗玻璃上的雾、霜、冰、雪，给驾驶人一个清晰的视野，确保行车安全。

1 调节车内温度

调节车内温度是汽车空调的基本功能。在冬季，汽车空调利用其采暖装置提高车内温度，轿车和中小型汽车以发动机冷却液作为暖风的热源，而大客车采用独立式加热器作为暖风的热源。在夏季，汽车空调利用其制冷装置降低车内空气温度。

2 调节车内湿度

普通汽车空调一般不具备这种功能,只有豪华汽车采用的冷暖一体化空调,才能对车内的湿度进行适量调节。它通过制冷装置冷却降温去除空气中的水分,再由采暖装置升温以降低空气的相对湿度。

3 调节车内的气流速度

空气的流速和方向对人体舒适性影响很大。夏季,气流速度稍大,有利于人体散热降温。但过大的风速直接吹到人体上,会使人感到不舒服,舒适的气流速度一般为 0.25m/s 左右。冬季,风速大了会影响人体保温,因而冬季希望气流速度尽量小一些,一般为 0.15～0.20m/s。

4 过滤净化车内空气

由于车内空间小,乘员密度大,车内极易出现缺氧和二氧化碳浓度过高的情况。汽车发动机废气中的一氧化碳和道路上的粉尘、花粉都容易进入车内,造成车内空气污浊,影响乘员的身体健康,因此必须要求汽车空调具有补充车外新鲜空气、过滤和净化车内空气的功能。

汽车空调系统是由压缩机、冷凝器、蒸发器、孔管或膨胀阀、储液干燥罐、高低压管路、鼓风机、控制电路等组成,如图4-28所示。

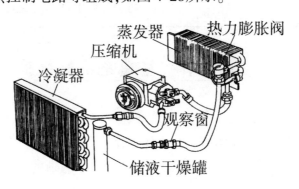

图4-28 汽车空调系统的基本组成

汽车空调系统的维护项目有空调功能检查、制冷系统检漏、制冷系统制冷剂的加注以及制冷系统润滑油的加注等。所需的工具和设备有真空泵、检漏仪、开瓶器、空调压力表等。

一、空调系统功能检查

空调系统的操作面板有很多按钮,图 4-29 所示为 BMW 汽车的空调操作面板,了解这些按钮的作用对于空调系统的维护有很重要的作用。

a)手动空调

b)自动空调

图 4-29　空调系统操作面板

1 空气流选择按钮

按下空气流选择按钮,如图 4-30 所示,可选择空气流通风口。在自动操作时,除非需要其他的空气流模式,否则不需要选择空气流。

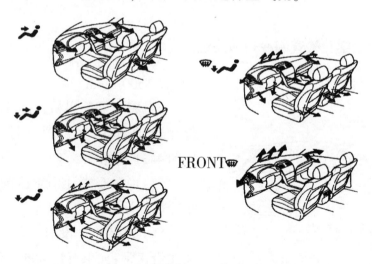

图 4-30　空气流选择按钮和对应空气流通形式

2 "AUTO"按钮

要使空调系统自动操作,按下"AUTO"按钮。指示灯点亮表示已经选择了自动操作模式。在自动操作模式下,空调系统将根据驾驶人设置、车内温度、车外温度等参数自动控制最合适的风扇转速、空气流速以及内外循环模式等。

进气模式为新鲜时按下"AUTO"按钮,车内空气循环处于最大冷却情况。如果要自己设定,可以选择手动控制。

3 "A/C"按钮

需要打开空调时,可以按下"A/C"按钮,"A/C"按钮指示灯点亮。如果需要关闭空调系统时,要再次按下此按钮,指示灯熄灭。

如果"A/C"按钮指示灯闪烁,则表明空调系统内部有故障,空调系统会自动关闭。如果发生这种情况,需要将汽车送至维修厂进行维修。

4 "MAX"按钮

用于左、右侧温度设置的旋转调节器及按钮。

二 检查制冷剂加注量

检查制冷剂加注量有两种方法:一是利用观察孔检查;二是利用歧管压力表检查。

1 利用观察孔检查制冷剂加注量

(1)起动发动机,并使发动机转速保持在1500r/min。

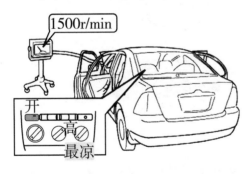

图4-31 利用观察孔检查制冷剂加注量的条件

(2)将空调鼓风机控制开关位于"高"位,温度选择为"最凉",并打开所有车门,如图4-31所示。

(3)通过观察孔中制冷剂的流量检查制冷剂加注量。

(4)如果几乎没有气泡,说明制冷剂加注量正常;如果有连续的气泡,说明制冷剂加注量不足;如果看不到气泡,说明制冷剂储液罐是空的或制冷剂加注过量。

2 利用空调歧管压力表检查制冷剂压力

(1)完全关闭歧管压力表的低压侧和高压侧的阀门。

(2)连接压力表到车辆的空调维修加注孔上。规定是:蓝色软管接低压侧,红色软管接高压侧,如图4-32所示。

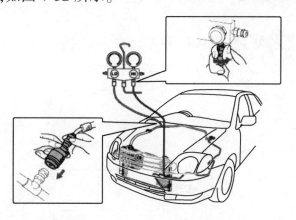

图4-32　歧管压力表的连接方法

连接软管时不要接反;不要使用任何工具紧固软管;如果加注软管的连接密封件损坏需要更换。

(3)起动发动机,打开空调开关,在空调运行时检查压力表所显示的压力。

(4)规定压力的标准读数是:低压侧为0.15～0.25MPa,高压侧为1.37～1.57MPa。

(5)如果压力测量值不符合标准,则进行相应的诊断维修。

三 制冷系统抽真空

抽真空是为了排除制冷系统内的空气和水汽,是空调维修中一项极为重要的程序。因为对制冷系统进行维修或更换元件时,空气会进入系统,且空气中含有一定量的水蒸气(湿空气)。

抽真空并不能直接把水分抽出制冷系统,而是产生真空后降低了水的沸点,水汽化成蒸汽后被抽出制冷系统。因此,系统抽真空时,时间越长,系统内残余的水分就越少。为最大限度地将系统内的空气及湿气抽出,必须采用重复抽真空法,即第一次抽真空完毕后,连续抽30min以上。图4-33为抽真空管路连接方法,具体操作过程如下:

(1)将歧管压力表上的两根高、低压软管分别与空调维修孔上的高、低压接口相连;将歧管压力表上的中间软管与真空泵相连。

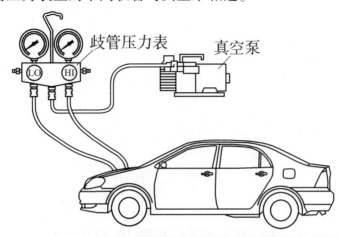

图 4-33　抽真空管路连接方法

(2)打开歧管压力表上的高、低压手动阀,起动真空泵,并观察两个压力表,将系统抽真空至 98.70～99.99kPa。

(3)关闭歧管压力表上的高、低压手动阀,观察压力表指示压力是否回升。若回升,则表示系统泄漏,此时应进行检漏和修补。若压力表针保持不动,则打开高、低压手动阀,起动真空泵继续抽真空 15～30min,使其真空压力表指针稳定。

(4)关闭歧管压力表上的高、低压手动阀。

(5)关闭真空泵。先关闭高、低压手动阀,然后关闭真空泵,以防止空气进入制冷系统。

(6)检查歧管压力表两侧的读数应没有变化,如果压力增加,则有空气进入空调系统,应检查 O 形圈和空调系统管路的连接情况。

四　制冷剂的加注

当制冷系统抽真空达到要求,且经检漏确定制冷系统不存在泄漏部位后,即可向制冷系统加注制冷剂。加注前,先确定注入制冷剂的量。加注量过多或过少,都会影响空调制冷效果。压缩机的铭牌上一般都标有所用制冷剂的种类及其加注量。

加注制冷剂的方法有 3 种,第一种是从压缩机排气阀(高压阀)的旁通孔(多用通道)加注,称为高压端加注,加入的是制冷剂液体。其特点是安全、快速,适用于制冷系统的第一次加注,即经检漏、抽真空后的系统加注。但用该方法时必须注意,加注时不可开启压缩机(发动机停转)且制冷剂罐要求倒立。第二种是从压缩机吸气阀(低压阀)加注,称为低压端加注,充入的是制冷剂气体,其特点是加注速度慢,可在系统补充制冷剂的情况下使用。第三种是利用空调系统加注检修设备进行加注。此种设备操作简便,加注精度高,具有回收制冷剂的功能,符合环保标准。目前在各汽车维修企业广泛应用,其具体使用方法请参考设备使用说明书。

1 高压端加注制冷剂

(1)当系统抽真空后,关闭歧管压力表上的高、低压手动阀。

(2)将中间软管一端与制冷剂罐注入阀的接头连接,如图4-34所示。

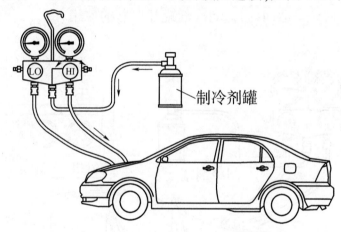

图4-34 高压侧加注液态制冷剂

(3)旋转制冷剂罐开口器,打开制冷剂罐开启阀,如图4-35所示,再拧开歧管压力表软管一端的螺母,让气体溢出几分钟,然后拧紧螺母。

(4)拧开高压侧手动阀至全开位置,将制冷剂罐倒立。

(5)从高压侧注入规定量的液态制冷剂。关闭制冷剂罐注入阀及歧管压力表上的高压手动阀,然后将仪表卸下。

(6)从高压侧向系统加注制冷剂时,发动机处于不起动状态,不要拧开歧管压力表上的低压手动阀,以防产生液压冲击。

2 低压端加注制冷剂

通过歧管压力表上的低压手动阀,可以向制冷系统的低压侧加注气态制冷剂。

(1)连接歧管压力表与车辆的低压维修阀和制冷剂罐,如图4-36所示。

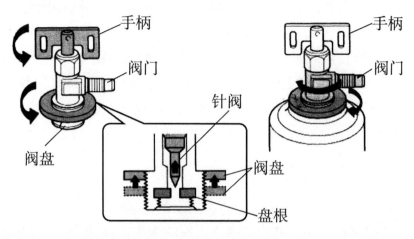

图 4-35 制冷剂罐开口器的使用方法

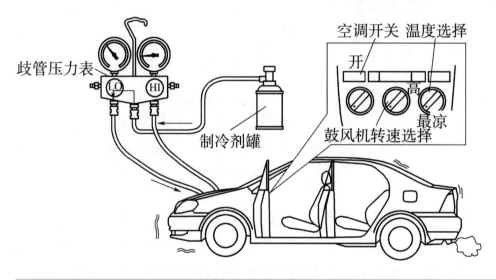

图 4-36 低压侧加注气态制冷剂

(2) 打开制冷剂罐,拧松中间注入软管在歧管压力表上的螺母,直到听见有制冷剂蒸气流动声,然后拧紧螺母。从而排出注入软管中的空气。

(3) 打开低压手动阀,让制冷剂进入制冷系统。当系统的压力值达到 0.4MPa 时,关闭低压手动阀。

(4) 起动发动机,将空调开关接通,并将鼓风机开关和温控开关都调至最大。

(5) 再打开歧管压力表上的手动阀,让制冷剂继续进入制冷系统,直至加注量达到规定值。

(6) 在向系统中加注规定量制冷剂之后,从视液窗处观察,确认系统内无气泡、无过量制冷剂。随后将发动机转速调至 2000r/min,鼓风机风量开到最高挡,若气温为 30～35℃,则系统内低压侧压力应为 0.147～0.192MPa,高压侧压力应为 1.37～1.67MPa。

(7)加注完毕后,关闭歧管压力表上的低压手动阀,关闭装在制冷剂罐上的注入阀,使发动机停止运转,将歧管压力表从压缩机上卸下,卸下时动作要迅速,以免过多制冷剂泄出。

3 利用空调充注设备加注制冷剂

目前大多数汽车维修厂家均使用空调充注设备进行制冷剂的加注,此种方法具有加注量精确、操作简便、利于环保等优点。下面以 AC350C 型制冷剂回收加注机为例,介绍加注制冷剂的操作方法。开机后进入制冷剂加注的操作界面,有两种方法可以选择:一种是在补充冷冻机油后,显示屏上出现是否加注制冷剂的提示信息,可以按下开始/确认键进行;另外一种是按下控制面板的充注键,启动加注制冷剂的程序。

(1)制冷剂的加注过程是通过压差来完成的,因此首先需要确认设备内部的制冷剂的量至少为 3kg,否则无法保证加注过程的完成。

(2)需要查阅维修手册、车辆铭牌或制冷剂回收加注机的数据库,确定车辆的标准制冷剂加注量。

(3)操作设备的回收/净化/加注的控制面板选项,进入加注制冷剂的菜单界面。

(4)按照提示信息采用单管加注方式:关闭低压阀(防止液体制冷剂进入空调压缩机),打开高压阀;按下数字键,输入加注量;按下开始键,启动加注制冷剂程序。

(5)当达到设定的加注量时,加注程序自动停止。显示屏会出现是否清理管路的提示信息。清理管路是指对红、蓝软管内部存留的制冷剂进行回收。执行管路清理程序一方面是为了延长高、低压表的使用寿命;另一方面是为了满足环保要求。

(6)关闭红、蓝软管的快速接头并将其从制冷剂管路中取下来,打开控制面板的高、低压阀门。按下开始/确认键,设备开始进行管路清理,默认时间为 2min。管路清理结束后,关闭高低压阀门。关闭电源开关,操作完成。

五 制冷系统冷冻机油的加注

通常汽车空调制冷系统的冷冻机油消耗很少,可每两年更换一次,每次应按规定数量加注(一般压缩机的铭牌上标注有润滑油的型号和数量)。加注时一定要使用同一牌号的冷冻机油,不同牌号的冷冻机油混用会生成沉淀物。

汽车空调压缩机是高速运转装置,其工作是否正常,取决于润滑是否充分,但过多的润滑油也会影响制冷效果。当更换压缩机和制冷系统部件时,需检查压缩机内的油量,表4-4为更换空调系统部件时冷冻机油的补充量。

更换系统部件时冷冻机油的补充量　　　　表4-4

部件名称		需补加冷冻机油量(mL)
压缩机		在换下旧压缩机倒出油量的基础上增加30
蒸发器		40~60
储液干燥罐		10~30
冷凝器	无渗油痕迹	10~30
	有渗油痕迹	40~60
软管	无渗油痕迹	可以不补充
	有渗油痕迹	60
更换系统全部管件		120~150

维修汽车空调制冷系统时通常不需加注冷冻机油,但在更换制冷系统部件以及发现系统严重泄漏时,必须加注冷冻机油,加注方法有两种:

❶ 利用压缩机本身抽吸作用

将冷冻机油从压缩机低压阀处吸入,此时发动机一定要保持低速运转。

❷ 利用抽真空加注冷冻机油

(1)对制冷系统抽真空。

(2)选用一个有刻度的量筒,盛入比要加注的冷冻机油还要多的量。

(3)将连接在压缩机上的低压软管从歧管压力表上拧下来,并将其插入盛有冷冻机油的量筒内。

(4)起动真空泵,打开歧管压力表上的高压手动阀,加注的冷冻机油就从压缩机的低压侧进入压缩机中。当冷冻机油量达到规定量时,停止真空泵的抽吸,并关闭高压手动阀。

(5)按抽真空法加注冷冻机油后,还应继续对制冷系统抽真空、加注制冷剂。

第四章 汽车电气设备的维护

六 泄漏部位的检查

制冷剂检漏仪的特点是用闪烁和蜂鸣音提示检查部位存在泄漏,越靠近泄漏区域,闪烁和蜂鸣的间隔越短,提高制冷剂检漏仪的灵敏度能够检测轻微的泄漏。

利用制冷剂检漏仪,如图4-37所示,检查泄漏部位的方法如下:

(1)发动机停止运转。

(2)将制冷剂检漏仪置于管道较低一侧,并随着管道周围移动实施检查,轻微的振动管道会有较好的效果,如图4-38所示。

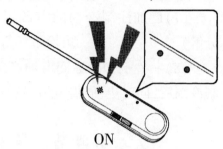

图4-37 制冷剂检漏仪

七 空调维修的要求和规范

空调系统的维护是十分重要的工作,有许多注意事项,如图4-39所示。

图4-38 制冷剂检漏仪的使用方法

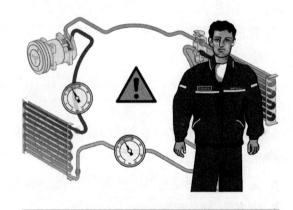

图4-39 空调系统维护注意事项

(1)空调器维护期间必须保证有足够的新鲜空气输入或保持清洁的室内空气,防止窒息。

(2)对空调器进行维护工作时需要戴好防护眼镜。

(3)空调器维修期间不允许吸烟,不允许焊接,当温度大于50℃时制冷剂会分解出有毒的气体。

(4) 在打开制冷剂循环回路之前要抽出制冷剂。

(5) 维修时车辆内剩余的空调器部件必须用密封塞进行密封,因为空调器最大的敌人就是潮湿。

(6) 向回路重新加注制冷剂之前,先抽真空约 30min。

(7) 已加注制冷剂的空调器不能进行焊接作业(加热会导致过压,制冷剂分解)。

(8) 制冷剂和冷冻润滑油必须干净和干燥(容器必须密封)。从回路中抽出制冷剂后,同时更新抽出的冷冻润滑油。

第四节 照明、仪表和报警灯系统的维护

为了保证行驶安全,现代汽车上都装备了多种照明与信号设备,不同汽车的照明与信号系统是不完全相同的,除了美观、实用外,还必须满足两个要求:一是保证运行安全,二是符合交通法规。汽车照明与信号系统的基本组成如下:

(1) 前照灯又称大灯,其任务是夜间运行时照明道路,功率为 40~60W。

(2) 示宽灯又称小灯,其任务是汽车夜间行车或停车时,标示车辆轮廓尺寸,前示宽灯为白色,后示宽灯为红色,功率为 5~10W。

(3) 牌照灯安装在汽车尾部的牌照上方,灯光为白色,其作用是夜间照亮汽车牌照,功率为 5~15W。

(4) 仪表灯安装在汽车仪表板上,用于夜间照亮仪表,灯光为白色,功率为 2~8W。

(5) 顶灯安装在驾驶室的顶部,其作用是驾驶室内部照明,灯光为白色,功率为 5~8W。

(6) 雾灯的作用是在雨、雾天气时提供照明,灯光为黄色,因为黄色有良好的透雾性,功率为 35~55W。

(7) 转向信号灯的作用是提示汽车的运行方向,左右转向信号灯同时闪亮时,表示有紧急情况,灯光为黄色,功率为 20W 以上。

(8) 制动灯又称刹车灯,安装于汽车后面,其作用是在汽车制动停车或制动减速行驶时,向后车发出灯光信号,防止追尾,灯光为红色,功率为 20W 以上。

(9) 倒车灯的作用有两个,一是向其他的车辆和行人发出倒车信号,二是夜间倒车照明,灯光为白色,功率为 20W。

(10) 指示灯指示某一系统是否处于工作状态,一般颜色为蓝色、绿色或桔黄

色。如远近光指示灯、转向指示灯、雾灯工作指示灯、空调工作指示灯、驻车制动指示灯、收放机工作指示灯、自动变速器挡位指示灯等。

(11)报警灯安装在仪表板上,其作用是用来监测汽车各系统的技术状况,当某一系统出现异常情况时,对应的报警灯亮,提醒驾驶人该系统出现故障,灯光为红色、绿色或黄色,功率为2W,如发动机故障报警灯、机油压力报警灯、冷却液温度报警灯等。

此外还有工作灯、门灯、踏步灯、行李舱灯、阅读灯、电喇叭、蜂鸣器等。

仪表用来指示汽车运行以及发动机运转的状况,以便驾驶人随时了解各系统的情况,保证汽车安全而可靠地行驶。汽车上常见的仪表有冷却液温度表、燃油表、里程表等。

一 灯光的检查维护

1 灯光工作性能的检查

(1)检查前灯总成安装是否牢固。

(2)检查灯光总成表面是否有裂纹和损坏;是否有油污和异物。

(3)打开点火开关,打开灯光开关,检查示宽灯、前照灯、尾灯、牌照灯是否工作正常,如图4-40所示。

图4-40 检查前部和后部灯光

(4)打开前、后雾灯开关,如图4-41所示,在位置1时前雾灯点亮,仪表板上前雾灯指示灯也处于打开状态;在位置2时前、后雾灯同时点亮,指示灯也同时处于打开状态。

(5)检查前、后雾灯是否工作正常。

(6)检查前、后雾灯指示灯是否点亮。

(7)打开转向信号灯开关,如图4-42所示,检查转向信号灯是否点亮;检查

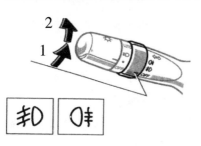

图4-41 检查雾灯和指示灯

转向信号灯指示灯是否点亮。

（8）如果仪表板上的转向信号指示灯（绿灯）的闪烁频率比平时快，则表示前面或后面的转向信号灯灯泡已坏。

（9）踩住制动踏板。

（10）将变速杆置于R的位置，检查倒车灯是否点亮，如图4-43所示。

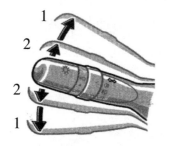

图4-42 检查转向信号灯和指示灯

图4-43 检查倒车灯

（11）按下报警灯开关，检查报警灯和指示灯是否点亮，如图4-44所示。

图4-44 检查报警灯和指示灯

第四章 汽车电气设备的维护

2 前照灯的照射角度检查和调整

1 准备工作

(1)确保前照灯周围的车身部分没有损坏或变形。

(2)给油箱加满油,确保润滑油加到规定的油量,确保冷却液加到规定的液位。

(3)给轮胎充气到合适的气压,将备胎、随车工具和千斤顶放到初始位置,清空行李舱。

(4)驾驶人座椅乘坐一位体重75kg、身高170cm左右的人。

(5)将车辆停在很黑暗的地方,以便于看清灯光明暗分界线。分界线是一条很明显的线,在它下面能看到前照灯的光,在它上面无法看到前照灯的光。

(6)确保车辆中线和墙呈90°角;车辆和墙间距离为3m。

(7)将车辆停放在水平地面上;确保车辆底盘悬架杆件处于自由状态。

(8)准备一张厚白纸(约2m(高)×4m(宽))作为屏幕;在白纸中部画一条垂直线(V线),如图4-45所示,设置屏幕。

要把屏幕垂直立在地上,并将屏幕上的V线与车辆中线对齐。

(9)如图4-46所示,在屏幕上画出基线(H线、左V线、右V线)。H线(前照灯高度):画一条横穿屏幕的水平线,使它经过中心标记。H线应和近光前照灯的灯泡中心标记在同一高度。左V线、右V线(左前照灯和右前照灯的中心标记位置):画两条竖线,使它们在每一中心标记(和近光前照灯灯泡中心标记对齐)和H线相交。

2 前照灯对光检查

(1)盖住另一侧的前照灯或断开接头,以防止没有检查的前照灯灯光影响前照灯对光检查。注意:不要盖住前照灯超过3min,前照灯镜片由合成树脂制成,容易由于过热出现熔化或损坏。

检查远光灯对光时,盖住近光灯或断开接头。

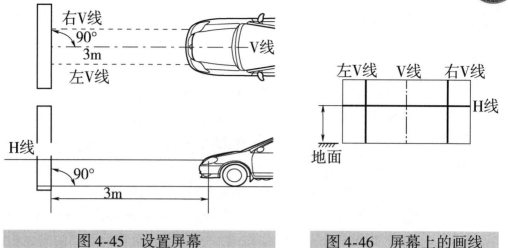

图 4-45　设置屏幕　　　　图 4-46　屏幕上的画线

（2）起动发动机。发动机转速要达到 1500r/min 或以上。如图 4-47 所示,打开前照灯并确保分界线在指定区域内。

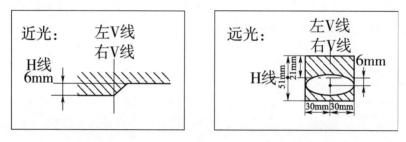

图 4-47　前照灯在屏幕上的区域

（3）由于近光灯和远光灯为一套装置,所以,如果一个灯对准了,则另一个灯也应对准。但是,为了确保都准确,两个灯都要检查。

3 前照灯对光调整

（1）垂直调整对光:用螺丝刀转动对光螺钉 A,如图 4-48 所示,调整前照灯对光到规定范围。

> 最后对光时,对光螺钉应顺时针转动。如果螺钉已拧得太紧,则先将其松开,再重新拧,以保证最后对光时,螺钉可顺时针转动。进行近光对光调整,顺时针转动对光螺钉时,前照灯对光向上移,逆时针转动对光螺钉时前照灯对光向下移。

(2)水平调整对光:用螺丝刀转动对光螺钉 B,如图 4-49 所示,调整前照灯对光到规定范围。

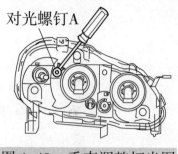
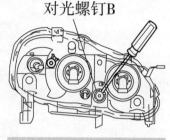

图 4-48　垂直调整灯光图　　　图 4-49　水平调整灯光

最后对光时,对光螺钉应顺时针转动。如果螺钉已拧得太紧,则先将其松开,再重新拧,以保证最后对光时,螺钉可顺时针转动。

仪表和报警灯的维护

汽车仪表按其工作原理分为机电模拟式仪表和电子式仪表。机电模拟式仪表在汽车上的应用最为广泛,如图 4-50 所示,但随着汽车电子技术的不断发展,近年来电子式仪表,如图 4-51 所示,在汽车上特别是高档轿车上的应用越来越多。

图 4-50　桑塔纳 2000 型模拟式仪表

图 4-51　汽车数字式仪表

现代汽车常见仪表报警灯见表4-5。

汽车常见报警灯图形符号及作用　　　　表4-5

序号	名　　称	图形	颜色	作　　用
1	车门未关报警灯		红	车辆车门未关时,灯亮
2	机油压力报警灯		红	发动机机油压力在0.03MPa以下时,灯亮
3	充电指示灯		红	蓄电池不充电时,灯亮
4	驻车制动指示灯		红	驻车制动器失效时,灯亮
5	制动失效指示灯		红	制动失效或制动液液面低于最低值时,灯亮
6	右转向指示灯		绿	打开右转向灯时,灯亮
7	左转向指示灯		绿	打开左转向灯时,灯亮
8	近光指示灯		绿	使用近光时,灯亮
9	远光指示灯		蓝	使用远光时,灯亮
10	后雾灯		黄	使用后雾灯时,灯亮
11	前雾灯		绿	使用前雾灯时,灯亮
12	安全气囊报警灯		黄	安全气囊故障时,灯亮
13	冷却液温度报警灯		红	冷却液温度过高时,灯亮
14	防盗起动指示灯		黄	防盗系统启动时,灯亮
15	ABS报警灯		黄	ABS故障时,灯亮
16	最低燃油液面报警灯		红	燃油液面低于规定值时,灯亮

续上表

序号	名　　称	图形	颜色	作　　用
17	强制停车报警灯	STOP	红	车辆需要强制停车时，灯亮

检查仪表报警灯的方法如下：

(1) 打开点火开关，但不起动发动机；

(2) 检查仪表上机油压力报警灯、充电指示灯、安全带报警灯、发动机故障指示灯、安全气囊指示灯是否点亮；

(3) 起动发动机检查机油压力报警灯、充电指示灯、发动机故障指示灯、安全气囊指示灯是否在 5s 内熄灭，如果没有熄灭，进行下一步检查；

(4) 拉起驻车制动器操纵杆，检查驻车制动指示灯是否点亮；

(5) 操作安全带，检查安全带指示灯是否点亮和熄灭；

(6) 打开车门，检查车门未关报警灯是否点亮；关闭车门，检查车门未关报警灯是否熄灭；

(7) 打开行李舱，检查行李舱指示灯是否点亮；

(8) 预热发动机，检查发动机冷却液温度表是否指示正常；

(9) 踩下发动机加速踏板，检查发动机转速表是否正常。

第五节　其他电气设备的维护

一、风窗玻璃刮水器/玻璃清洗器的维护

刮水器的作用是用来清除风窗玻璃上的雨水、雪或尘土，以确保驾驶人有良好的视野。刮水器有前风窗玻璃刮水器和后风窗玻璃刮水器。因驱动装置的不同，刮水器有真空式、气动式和电动式 3 种。目前汽车上广泛使用的是电动刮水器。电动刮水器由直流电动机和一套传动机构组成，如图 4-52 所示。电动机的旋转经减速和连动机构的作用变成刮水臂的摆动。

1 风窗玻璃刮水器/玻璃清洗器功能检查

(1) 将风窗玻璃刮水器/玻璃清洗器操纵杆移到所需的设定位置，检查其相

检查刮水器　检查喷洗器

应的功能是否正常,如图4-53所示。

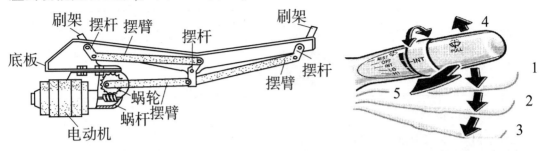

| 图4-52 电动刮水器 | 图4-53 检查刮水器的功能 |

（2）刮水器操纵杆在位置1时,刮水片间歇性动作;操纵杆在位置2时,刮水片低速动作;操纵杆在位置3时,刮水片高速动作;操纵杆在位置4时,刮水片单程动作;操纵杆在位置5时,玻璃清洗器动作。

（3）检查刮水器工作状态。打开刮水器,工作几个循环后,关闭刮水器。如果风窗玻璃出现刮不均匀或不干净的现象,应更换刮水片,如图4-54所示。

（4）检查刮水片的停止位置应该位于风窗玻璃下端,以不影响驾驶人视线为宜,如不符合要求需要进行调整。

（5）使刮水器电动机回到停止位置,将刮水片装到风窗玻璃上,校正后拧紧紧固螺母。调整停止位置时应保证图4-55中的 a 和 b 满足下列要求: $a=(15\pm5)$ mm; $b=(35\pm5)$ mm。图4-55中所给尺寸为刮水片与风窗玻璃下边缘处压力舱附加板之间的距离。

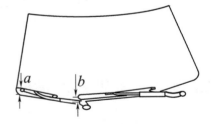

| 图4-54 刮水器工作状态不良 | 图4-55 刮水片停止位置的调整 |

2 刮水片的检查和更换

（1）检查刮水片外观有无异样,若有,应更换。

（2）检查刮水片表面是否附有油污,若有,应用专用洗涤液清洗。

（3）检查刮水片橡胶是否出现老化现象,若有,应及时更换。

（4）定期检查刮水臂的紧固螺母的松紧度。

3 喷嘴的检查与调整

（1）用记号笔在风窗玻璃上做四点标记（标记应可擦掉）。图4-56为上海大众帕萨特汽车的调整尺寸：$a=(400\pm50)$ mm；$b=(190\pm50)$ mm；$c=(420\pm50)$ mm。

（2）调整后用专用工具检测喷嘴标记的位置。注意调整尺寸是从风窗玻璃密封条的边缘和下边缘处压力舱附加护板测量的。调整尺寸是按车行驶时喷嘴喷射给出的超前值，与汽车静止时喷嘴喷射略有不同。不同车型的调整尺寸略有不同，图4-57为一汽丰田卡罗拉车型风窗玻璃喷嘴喷射位置。

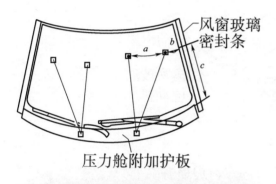

图4-56　上海大众帕萨特汽车调整喷嘴

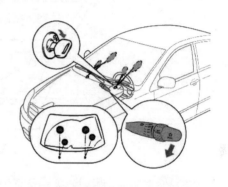

图4-57　卡罗拉风窗玻璃喷嘴喷射位置

电动车窗的维护

电动车窗可使驾驶人或乘员坐在座位上利用开关使车窗玻璃自动升降，操作简便并有利于行车安全。

电动车窗系统由车窗、车窗玻璃升降器、电动机、继电器、开关等装置组成。常见的车窗玻璃升降器有钢丝滚筒式和交叉传动臂式两种，如图4-58和图4-59所示。

1 检查电动车窗基本功能（手动操作功能）

（1）将点火开关旋转至ON位置。

（2）当操作电动车窗玻璃升降器主开关到UP位置时，检查车窗玻璃是否升起。而到 DOWN 位置时,检查车窗玻璃是否下降。

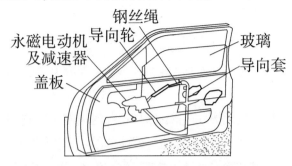

图 4-58　钢丝滚筒式电动车窗玻璃升降器

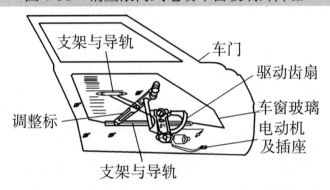

图 4-59　交叉传动臂式电动车窗玻璃升降器

(3)当把每个车门的电动车窗玻璃升降器开关旋转到 UP 位置时,检查车窗玻璃是否升起。而操纵其开关到 DOWN 位置时,车窗玻璃是否下降。

(4)当锁定车窗锁止开关时,检查驾驶人座椅侧玻璃以外的车窗玻璃是否不工作。

2 检查自动操作的基本功能

(1)将点火开关旋转至 ON 位置。

(2)检查一键自动下降功能(AUTO DOWN),操作驾驶人位置车窗按钮,触发自动下降功能时车窗玻璃将完全打开。

(3)检查一键自动上升功能(AUTO UP),操作驾驶人位置车窗按钮,触发自动上升功能时车窗玻璃将完全关闭。

(4)在操作自动上升/自动下降过程中,即使手离开了操作按钮,车窗玻璃也将继续运行直至完全关闭/完全打开的位置。

(5)在操作自动上升/自动下降过程中,如果向相反的位置进行手动操作,则自动功能将停止并转换为手动操作模式。

3 检查防夹伤功能（驾驶人座椅车窗玻璃）

在操作时千万要小心，以免被夹伤。当身体的任何部位(手、胳膊或者头部)位于车窗玻璃和车门之间时，绝对不允许操作检查。当重新设定完车窗电动机时，需要重复几次车窗上升和下降的操作后，再进行检查。

（1）完全打开车窗玻璃。

（2）在靠近全关闭位置处放置锤子的手柄，如图4-60所示。

（3）操纵 AUTO UP 控制玻璃上升，在车窗玻璃上升过程中，当其遇到锤子手柄的阻碍时，应该向下移动一段距离并停止。

（4）下降操作期间，检查即使按下电动车窗玻璃升降器主开关它也不会上升。

图4-60　检查防夹功能

只有在 AUTO UP 操作期间，防夹伤功能才起作用。

三、安全气囊的维护

安全气囊属于被动安全保护装置，对驾驶人的头部和颈部安全起保护作用，特别是汽车正面碰撞和侧前方碰撞时，其保护作用十分明显。有一些国家已经在交通法规中明确规定轿车必须配置安全气囊装置，随着世界汽车市场的激烈竞争以及安全气囊制造成本的降低，安全气囊将作为标准配置装配到所有家庭用的经济型轿车上。

当汽车行驶中遭受到正面或侧面碰撞时，安全气囊系统的工作原理基本相同。现以图4-61所示的正面碰撞为例来说明安全气囊系统的工作原理。

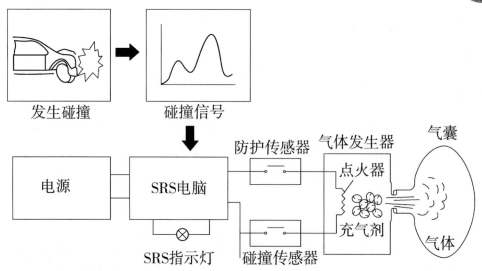

图 4-61　安全气囊工作原理

安全气囊系统均有故障自诊断功能,系统一旦出现故障,可通过诊断系统进行故障诊断。在维修、检测安全气囊系统时,要严格按规范进行操作,否则,会使安全气囊系统在检修过程中意外展开而造成严重事故,或致使安全气囊系统不能正常运作,因此,在排除故障之前,一定要注意以下几点:

(1)检修工作必须在将点火开关旋转到 LOCK 位置并拆下蓄电池搭铁线 30s 或更长一段时间后才能开始。这是因为安全气囊系统配有备用电源,如果检修工作在拆下蓄电池搭铁线后 30s 之内进行,就可能使安全气囊打开。

(2)即使只发生轻微碰撞而安全气囊未打开,也要对前气囊传感器和安全气囊组件进行检查,但绝对不可使用其他车辆上的安全气囊组件进行替换。如需更换,务必使用新零件。

(3)中心安全气囊传感器总成含有水银,更换之后,不要将换下的旧零件随意毁掉。当报废车辆或只更换安全气囊中心传感器总成时,应拆下安全气囊中心传感器总成并作为有害废弃物处置。

(4)手持安全气囊时,不要使安全气囊和盖指向身体,放置于工作台或其他表面时,要使装饰面朝上,如图 4-62 所示;展开安全气囊时,需要戴手套和安全眼镜。因为安全气囊内表面可能残留氢氧化钠,若接触到皮肤可以用冷水冲洗。

(5)绝不要试图拆卸和修理前气囊传感器、气囊中心传感器总成或安全气囊组件以供重新使用。

(6)对电路进行检查时,要使用高阻抗(至少 10kΩ/V)汽车专用万用表来诊断电路系统故障。

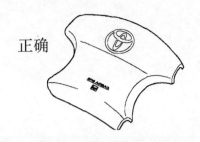 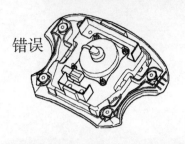

正确　　　　　　　　　错误

图4-62　安全气囊的放置方法

（7）所有与安全气囊系统有关的检修工作必须在安全气囊系统正确拆除后进行。安装安全气囊时，不要试探任何连接处。如果在车上检修安全气囊系统，在安全气囊组件安全拆除前，避免近距离接触气囊组件。

（8）传感器安装方向是安全气囊系统发挥正常功能的关键，应将其恢复到原来位置。配线作业要十分小心，在作业前必须将安全气囊组件安全拆除。

（9）检修完成后，不要急于将安全气囊组件接入电路，应先进行电气检查，确认无误时，再将安全气囊组件接入。

（10）在安全气囊系统零部件的外表面上有说明标牌，必须遵守这些注意事项。

（11）安全气囊系统检修工作结束之后，进行安全气囊系统报警灯的检查。

第五章
汽车车身的维护

学习目标

1. 了解汽车的分类和车身标识；
2. 能够认识到汽车清洁与维护的重要性；
3. 熟悉汽车车身清洗的作业项目；
4. 能够正确地识别和合理选用汽车清洗用品；
5. 能够根据不同的车身污染制订合理的施工工艺，并能熟练操作。

　　因工作环境复杂，汽车车身不但要经受日晒雨淋、石击、冰雪、严寒、酷暑这样多变环境条件的影响，同时行驶中车身经常接触化学药品、酸、碱、盐等腐蚀性的物质，更容易使其表面划伤，材料老化，甚至被腐蚀。再加上不正确的维护，更降低了汽车车身的使用寿命。一辆外表肮脏的汽车，不仅破坏汽车的美观，影响驾驶人的心情，而且也直接影响着乘客的乘坐舒适性和健康。当尘土和泥水黏附在汽车的前照灯、后视镜或风窗玻璃时，还会影响行驶安全性。所以，汽车车身要定期地进行专业的清洗和维护，以保持车辆外观整洁，延长车辆的使用寿命，提高驾驶安全性。同时，汽车车容装饰美观是汽车产品的一项技术指标，也被当作车辆年检中技术要求项目之一。

　　汽车车身清洗听起来很简单，甚至有些人认为不就是洗车吗！"一桶水，一把刷子，一条毛巾"，就完全可以搞定了，这种想法是错误的。车身漆膜就像人体的皮肤一样，光用水冲一下是远远不够的，要想保持它各方面的性能，就必须要进行专业的清洗和维护。

第一节　车身外部清洗维护

一、汽车车身清洗设备和用品

1. 清洗设备

① 洗车机

洗车机如图 5-1 所示,洗车机能产生高压水流,冲掉车身表面和缝隙中的砂粒及灰尘,是车身清洗设备之一。有些高档的洗车机还带有自加热功能,靠电气装置加热洗车用水,在冬季洗车时能产生温水,提高清洗效果。

② 泡沫机

泡沫机如图 5-2 所示,把清洗液和水按比例加入泡沫机中,它能利用压缩空气将混合液以泡沫形式吹出,均匀地喷洒到车身上,能充分溶解车身污物,提高清洗效果。

图 5-1　洗车机

图 5-2　泡沫机

③ 手工辅助工具

常见的手工清洗工具见表 5-1。

手工清洗工具 表5-1

名称	功用	实物
喷水壶	盛放调配好的洗车液，可对遗漏的清洗部位，以及车轮和保险杠等难清洗部位清洗	
刷子	可对车身橡胶饰条，以及车轮和保险杠等难清洗部位清洗	
兔毛手套	喷涂泡沫后擦拭，便于油污去除，不伤漆面	

常用擦拭工具见表5-2。

擦拭工具 表5-2

名称	功用	实物
刮水板	去除车身水分，方便快捷，不损伤漆面	
鹿皮	精细擦拭，吸水性强	
毛巾	擦拭，吸水性好，不掉纤维，不伤漆面	
甩干桶	快速甩干鹿皮、毛巾和清洗后的脚垫	

第五章 汽车车身的维护

2 车身清洗液

车身清洗液如图5-3所示。好的清洗液呈中性,含阴离子表面活性剂,能同时达到去除车身静电、油污和漆面维护的多重目的。使用方法要按照使用说明,绝大多数洗车液都要与水按一定的比例混合使用,并根据车身污染程度的不同随时调整混合比例。

二、汽车车身表面的清洗工艺流程

1 准备工作

❶ 车身表面损伤检查

在车辆进行美容操作前,一定要做好检查记录工作,如图5-4所示。

图5-3 车身清洗液

图5-4 仔细检查,做好记录

当顾客要给车辆漆面、内饰、玻璃等部位进行美容装饰时,因费用会比较高,为了避免与顾客之间产生不必要的误会,做好记录非常重要。同时还应保留客户的信息记录,便于日后的联系和沟通,提高自身的规范程度,记录表格见表5-3。

❷ 检查车门、车窗等部位

一定要仔细检查车门、车窗、行李舱盖等部位是否关严,否则洗车时高压水流会通过未关严的缝隙冲进驾驶室内,有可能会造成严重的后果(真皮座椅、电子元件等被损坏),如图5-5所示。

车辆检查登记表　　　　　　　　　表5-3

车辆检查登记表 ＊＊＊美容店	序号： 地址：＊＊＊＊＊＊＊＊＊＊＊ 电话：＊＊＊＊＊＊＊＊

客户姓名：	车牌号：
来店时间：	
车身颜色：	车辆型号：

客户要求
项目:洗车( ) 打蜡( ) 清洗内饰( ) 抛光( ) 封釉( ) 内室桑拿( ) 底盘装甲( ) 贴膜( ) 客户其他要求:

费用预估：

检查车辆 外部：

内部：

客户确认：

２ **准备好相关的清洗设备和清洗材料**

❶ 泡沫机的使用

按比例加水和清洗液,观察混合液的加入量,如图5-6所示。

图 5-5　车窗没有关严

图 5-6　给泡沫机加水和清洗液

打开空气阀,将泡沫机的进气压力调整到 2~4kPa,在此压力范围内,泡沫喷出的效果最好。压力过低吹不出泡沫,压力过高会把泡沫吹得到处都是,造成不必要的浪费,如图 5-7 所示。

❷ 高压水枪水流的调整

接通水源和电源后,打开洗车机,调整高压水枪的水流形状,使水压达到要求。洗车时的水压没有绝对的数值要求,我们也无法准确地判断,只要能把污物冲掉同时还不能损坏漆面和其他车身零件即可。

图 5-7　调整气压

一般来说,车身预冲洗时水压要高一些,二次冲洗时水压要适当调小。由于高档汽车的漆面和车身零件质量要好于低档汽车,冲洗时,可以适当调高水压。当洗微型汽车等低档车辆时,尽量调低水压,否则很容易损坏漆面。

现在市场上大部分高压水枪的水压都要人为调整,调整方法有两种:一种是通过改变枪嘴与被喷淋物之间的距离,距离近压力高,距离远压力低;另一种是通过改变水流的形状来调整,扇形大压力小,扇形小压力大。具体使用哪种方法,要根据实际情况灵活调整。

柱状水流,水压高、冲力强,适合冲洗缝隙和污泥堆积严重的地方,如图 5-8 所示。

大扇面水流,冲洗面积大、水压低,适于外表淋湿和二次冲洗,如图 5-9 所示。

图 5-8　柱状水流　　　　图 5-9　扇面状水流

3 清洗操作

1 车身预冲洗

车身预冲洗时,一定要把水压适当调高,通过改变水枪与车身的距离来调整水压。初次冲洗时,水枪的距离在 0.5m 左右,水流扇面形状在 15°～20°为宜,缝隙和拐角等处用柱状水流,如图 5-10 所示。因为脏污的车身上会有大量的尘土和砂粒,通过各种方式牢固地黏附在车身上,水压小的话很难把它们冲洗掉,会为下一道工序埋下隐患。但是水压也不要调得太高,否则会损伤漆面和其他零件。

冲洗的顺序一定要遵循由上到下、从前到后的原则,从车顶到底盘,从发动机舱盖到行李舱盖仔细冲洗,不要放过任何一个缝隙和拐角等容易积存砂土的地方。车身通体均用高压水枪打湿,无大颗粒泥沙和污物后,才能确保下一步骤的顺利进行。

车轮上方的车身圆弧里,由于车轮滚动甩上来大量的泥沙和污物,一定要清洗干净,如图 5-11 所示。

2 喷洒泡沫并擦匀

喷涂的泡沫要均匀、适量,喷洒泡沫的顺序也是按从上到下来进行。喷完车身清洗剂以后,带上浸泡过的干净毛手套,轻轻将车身擦拭一遍,以便彻底去除顽固的油渍。用毛手套擦拭的部位是车身上有油漆的表面和汽车玻璃表面,如图 5-12 所示。

图5-10 从车顶开始冲洗

图5-11 藏污纳垢的地方

对于轮胎和门槛下缘等车体以下部位,一定要用专用的海绵或刷子单独清理。防止工具混用而对汽车漆面和玻璃造成意外损伤。如图5-13所示。

图5-12 擦拭

图5-13 清理轮胎和轮辋

❸ 二次冲洗

二次冲洗的目的是把清洗剂泡沫和污水完全冲掉。所以这时冲洗的水压不用过高,水流扇面在30°~45°为宜,水枪距离仍然保持在0.5m左右。依然按从上到下、从前到后的顺序进行,如图5-14所示。当车身上的水自然流下时,呈现帘幕状,没有油珠的感觉,说明车身已经清洗干净了。

❹ 刮水

车身清洗用的刮水板是经过专业设计的,它就像风窗玻璃刮水器一样,能适应车身的不同流线,并且与车身表面的接触非常严密。刮水操作快捷彻底,省时省力,如图5-15所示。

图 5-14　二次冲洗

图 5-15　刮水

5 精细擦拭

鹿皮一定要浸泡透、拧干后再使用,这样它的吸水性会更好,如图5-16所示。擦拭一定要仔细、彻底,不要忽略了车门、行李舱盖内边缘和门框等部位,如图5-17所示。

图 5-16　浸泡并拧干

6 吹干

对于锁孔、门缝、车窗密封条、后视镜壳、加油口盖等部位,用压缩空气辅助吹干,尤其是钥匙孔里的水分更要吹干。在北方的冬季,经常会发生洗车后车锁被冻住而无法开、锁车门的事情,有时还会因为加油口盖打不开而无法加油,如图5-18所示。

图 5-17 边角位置不要遗漏

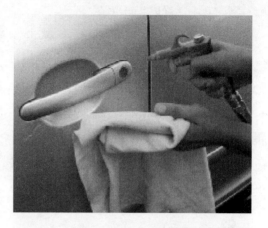

图 5-18 吹干锁孔

第二节 车身手工打蜡维护

一、工具和材料

1 车蜡种类

车蜡按作用的不同可以分为维护蜡、修护蜡、综合蜡。

(1) 维护蜡如图 5-19 所示。维护蜡能均匀地渗透到涂层的细小空隙中,使涂膜上多了一层保护膜,可以隔绝紫外线、灰尘、油烟以及其他杂质,保持漆面的光泽和持久性。

(2) 修护蜡主要是在蜡中加入研磨成分,如氧化铝、碳化硅等。根据研磨剂的颗粒切削能力不同,修护蜡分为粗蜡、中蜡和细蜡。修护蜡能够修复涂层上的划痕,但同时涂层也会变薄。

(3) 综合蜡是将修护蜡和维护蜡掺合在一起,可以将抛光和保护一次完成。如常听到的三合一美容蜡等。

2 车蜡选择

市场上车蜡种类繁多,分类标准五花八门,由于各种车蜡的性能不同,其作用效果也不一样,所以在选用时必须慎重,选择不当不仅不能保护车体,反而会损伤漆面,甚至使漆面变色。

一般情况下选择车蜡时,要根据车蜡的作用特点、车辆的新旧程度、车漆颜色及行驶环境等因素综合考虑。对于高档轿车,可选用高档车蜡。新车最好用彩涂上光蜡以保护车体的光泽和颜色;夏天宜用防紫外线车蜡;行驶环境较差时,则用保护作用突出的树脂蜡比较合适;而对普通车辆,用普通的珍珠色或金属漆系列车蜡即可。当然,选用车蜡时,还必须考虑与车漆颜色相适应,一般深色车漆选用黑色、红色、绿色系列的车蜡,浅色车漆选用银色、白色、珍珠色系列车蜡。

3 褪蜡毛巾

手工打蜡时需要使用干净柔软的毛巾,如图5-20所示。市场还有一种叫神奇百洁布的褪蜡毛巾,它不同于普通毛巾,柔软性好,不伤漆面。

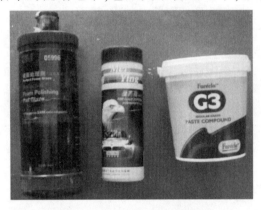
图5-19　手工维护蜡

图5-20　褪蜡毛巾

手工打蜡操作过程

1 打蜡

如图5-21所示。将少量蜡挤在海绵上,保证每次处理的面积一定,不可大面积涂抹。打蜡时,手的力度一定要均匀,用大拇指和小拇指夹住海绵,以手掌和其余的三个手指按住海绵进行打蜡。打蜡操作时,应按一定的顺序,一般从车顶开始,再到发动机舱盖、翼子板、车门、尾部,遵循先上后下的原则。蜡膜尽量做到薄而均匀,并且车身上有漆膜覆盖的表面都要上到。打蜡时可以按直线往复的方式也可以按螺旋线的方式进行,但是不可把蜡液倒在车上乱涂。一次作业要连续完成,不可涂涂停停,如图5-21所示。

2 褪蜡

如图5-22所示。打蜡完成停留几分钟后用手工擦拭或用抛光机将其打亮。手工擦拭时应先用手背感觉车蜡的干燥程度,以刚刚干燥而不粘手为宜。褪蜡时按打蜡的顺序进行就可以,手掌放平,垫上柔软的毛巾,掌心微用力,反复擦拭直到将蜡粉褪净,漆面明亮、光滑。从侧面观察漆面光泽一致,没有未褪掉车蜡的地方。机器处理时应在车蜡完全干燥后再处理,转速控制在1000r/min以下。

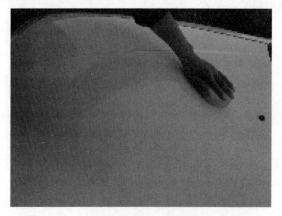
图5-21 打蜡

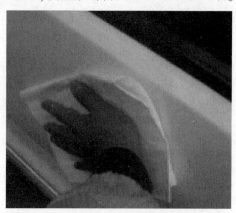
图5-22 褪蜡

车身打蜡后,在车灯、车牌、车门和行李舱等处的缝隙中会残留一些车蜡,使车身显得很不美观。这些地方的蜡垢若不及时擦干净,还可能产生锈蚀。因此,打完蜡后一定要将蜡垢彻底清除干净,这样才能得到完美的打蜡效果。

3 竣工检查

打蜡完毕后,要对全车表面进行一次检查,此时应特别注意检查容易遗漏的部位,如发动机舱盖边沿及内侧、车门边缘内侧、车门把手内侧、行李舱盖边沿及内侧、加油口盖内侧、轮胎等部位。维护完毕的车身应光亮如新,如图5-23所示。

三、交车、整理设备

将维护好的车辆交给顾客,整理设备和工具,进一步完善施工单。
至此,整个车身维护过程结束。

图 5-23　车身维护竣工的车辆

第六章
4S店售前维护操作规程和维护灯复位操作

学习目标

1. 了解售前检查的目的和作用;
2. 掌握不同车系售前检查的项目;
3. 能够实际操作常见车型的售前检查项目;
4. 可以根据检查结果进行相应的维护;
5. 注意工作安全和车辆清洁。

第一节 4S店售前维护(PDI)项目操作

汽车4S店所做的售前检查就是将车辆交给顾客前所做的检验,简称PDI。其目的是保证车辆处于最佳状态,顾客在提车后即可驾驶。

售前检查由下列三道工序组成:①验证车辆的状态;②将车辆恢复到工作状态;③汽车性能的检查。

一、大众车系售前检查(PDI)项目

(1) 检查蓄电池静态电压(空载电压)。

(2)检查蓄电池电缆紧固情况。

(3)检查蓄电池负载电压。

(4)目视检查发动机及发动机舱是否存在渗漏及损坏。

(5)检查冷却液液位。

(6)检查风窗/前照灯清洗液液位,售前检查时清洗液罐内应装满清洗液。

(7)检查发动机机油液位。

(8)检查制动液液位。

(9)检查转向助力系统助力油液位(如有)。

(10)拆除前/后悬架运输锁块。

(11)目视检查车辆下部是否存在渗漏及损坏。

(12)检查轮胎(包括备胎)充气压力。

(13)检查车轮螺栓紧固力矩。

(14)安装熔断丝。

(15)检查所有开关、电气设备、显示器及驾驶人操作控制系统功能。

(16)检查电动车窗玻璃升降器的单触功能。

(17)调整数字式时钟。

(18)检查空调系统功能。

(19)激活收音机/导航系统功能(输入防盗码)。

(20)设置组合仪表语言显示。

(21)维护周期复位。

(22)前排乘员侧安全气囊开关处于开启(ON)位置(配有该开关时)。

(23)检查所有电控单元的故障代码并删除。

(24)检查风窗清洗喷嘴喷射角度及位置(必要时调整)。

(25)拆除座椅保护套及地毯塑料保护膜。

(26)检查车辆内部是否清洁,包括前后座椅、内部装饰件、地毯/脚垫和车窗等。

(27)安装车轮罩盖/装饰帽、车顶天线、电话天线等(这些零件一般存放在行李舱内)。

(28)安装脚垫。

(29)拆除车门保护块。

(30)检查车辆外部是否清洁,包括油漆、装饰件、车窗及刮水器等。

(31)检查钥匙标牌上的钥匙号/认证号胶贴是否完整、清晰。

(32) 在维护胶贴上填写下次维护日期及更换制动液日期,将该胶贴粘贴在仪表板左侧或车门 B 柱上。

(33) 在维护手册中填写交车检查的有关内容。

(34) 检查随车文件是否完整、齐全。

(35) 试车。

丰田车系售前检查(PDS)项目

1 验证车辆状态

在运输中会出现各种问题,可能会有损伤。因此,在车辆到达经销商处时必须验证车辆有没有问题。

2 恢复正常工作的状态

为了防止运输中发生问题,在车辆离厂前厂家对其采取了各种措施。所以,在 PDS 时必须将车辆恢复到工作状态。

(1) 安装熔断丝及短路销。

(2) 安装工厂提供的零部件。

(3) 从制动器盘上拆下防锈盖。

(4) 安装橡胶车身塞。

(5) 取下前弹簧隔圈。

(6) 取下紧急拖车环。

(7) 调整轮胎空气压力。

(8) 除去不需要的标签、标志、贴纸等。

(9) 取掉车身防护膜。

3 检查车辆的功能

在车辆交付顾客前,确保各部件和机械运转正常。检验步骤如下:

(1) 准备作业;

(2) 环车检查;

(3) 发动机舱;

(4) 底盘;

(5)道路测试；

(6)最终检查及清洁。

4 售前检查项目表

丰田汽车售前检查项目表见表6-1。

丰田汽车售前检查项目表　　　　表6-1

准备工作	· 天窗
01．安装收音机天线	04．检查内外侧后视镜
环车检查	05．检查角度可调转向盘动作
01．检查警告灯及蜂鸣器	06．检查杂物箱盖、杯架及烟灰缸
02．检查发动机起动、平稳、异音、振动等状况(冷机)	07．检查座椅及安全带动作、损伤及污迹
03．检查灯光及电子元器件	08．检查加油口盖、行李舱盖及发动机舱盖
· 前照灯、示宽灯、雾灯及仪表灯	09．检查车窗动作
· 尾灯、牌照灯及后雾灯	10．检查车门、门锁及遥控门锁动作
· 制动灯及倒车灯	检查发动机舱
· 转向灯、报警灯	01．检查工作液、润滑油品质
· 刮水器、玻璃清洗器及喇叭	· 发动机润滑油
	· 转向助力油
	· 自动变速器液力传动油
· 后窗除霜器及点烟器	· 制动及离合器油
· 音响系统及时钟	· 玻璃清洗液
	· 蓄电池液面
· 室内灯	02．检查燃油、发动机润滑油、冷却液及其他工作液渗漏

续上表

03. 检查蓄电池端子紧固程度	06. 检查行车制动器及驻车制动器工作情况
04. 检查蓄电池电压（标准值：12.2V）	07. 检查转向机构工作情况
05. 检查组装、破损	08. 寻找任何异常噪声及振动
车辆底部	09. 检查暖风及空调工作情况
01. 检查车轮螺母力矩	10. 检查自动变速器
02. 调整轮胎气压	11. 检查导航系统
03. 检查轮胎缺陷及破损	**终检及修理**
04. 安装前扰流板	01. 揭去不必要的标签、贴纸等
05. 检查燃油、发动机润滑油、冷却液及其他工作液渗漏	02. 目视检查内饰件的安装、固定、污损、破损等情况
06. 检查底盘及传动机构螺纹紧固件	03. 确认《用户手册》等资料
	04. 安装轮毂盖
07. 检查车辆底部损伤、锈蚀等情况	05. 清洗车辆内外部
行驶检查	06. 检查漆面划伤、起皮或破损
01. 检查踏板自由行程、高度及储备行程	07. 检查外观件安装、破损或锈蚀等情况
02. 检查发动机起动、平稳、异响、振动等状况（暖机）	
03. 行驶性能（加速、定速、减速、响应性等）	
04. 检查组合仪表工作情况	
05. 检查离合器、手动变速器工作情况	

第二节 常见车型的维护灯复位操作

为提高汽车行驶的可靠性,延长汽车的使用寿命以及适应电子控制技术在汽车上的不断运用,目前汽车制造商在中、高档汽车的相关系统上均设置了汽车维护警告灯。其目的是提示汽车驾驶维修人员,要定期检测维护车辆。下面就有关汽车维护警告灯的复位及设置方法等进行详细介绍。

一、一汽宝来轿车维护灯复位程序

1 维护周期显示

宝来轿车在维护周期还剩下 3000km 时,会发出首次提示,在打开点火开关以后,组合仪表上里程显示屏上将显示 20s 的"Service 3000km"。以后会根据实际行驶的里程,以 100km 的步长来启动警报。下一次打开点火开关后,维护警报会与里程状况一同显示。

2 维护请求

警报到期时,里程表显示屏上会出现维护请求。打开点火开关后,组合仪表上的里程显示表出现闪烁的"SERVICE"字样,并保持 20s,以提醒驾驶人进行相应的维护。

3 维护周期显示复位

在车辆维护完毕以后,要求对车辆的维护周期复位,其具体方法如下。
(1) 关闭点火开关。
(2) 如图 6-1 所示,按下车速表旁的调节按钮 1,并保持该状态。
(3) 打开点火开关,并松开调节按钮 1,里程表显示屏上会出现"SERVICE"字样。
(4) 如图 6-2 所示,顺时针转动转速表旁的调节按钮 1,这时维护周期显示就被复位,显示屏上的显示内容随即消失。
(5) 关闭点火开关。

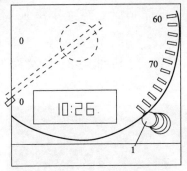

图6-1 车速表旁的调节按钮

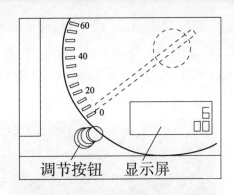

图6-2 调节按钮位置

二、丰田卡罗拉(2017款)轿车维护灯复位操作

汽车电子控制单元(ECU)设定了维护提醒功能,根据预设的行驶里程或发动机工作时间,会在仪表上出现维护提示或者伴有提示音。这种提示需在4S店通过连接诊断ECU或者直接在车载上进行设定,维护后需要人工进行对提示的复位以进入下一个周期。如果维护灯不复位,ECU就无法进行下一次的维护提示。手动复位方法如下:

(1)点火开关转到ON再回转到OFF。

(2)按住组合仪表上的"日行驶里程"显示器的复位按钮(仪表的右侧下方)并保持不放。

(3)点火开关转到ON,此时维护灯先点亮3s再闪烁2s,然后亮1s后熄灭。

(4)松开复位按钮,复位完成。

(5)关闭点火开关。

操作失败需要关闭点火开关后重新操作。

三、雪佛兰科鲁兹(2016款)轿车维护灯复位操作

(1)在发动机关闭时,接通点火开关。

(2)通过"MENU"(菜单)按钮和可滚动调节轮控制仪表盘显示屏显"机油寿命"界面,如图6-3所示。

(3)按住"SET/CLR"(设定/清除)按钮几秒钟,将机油寿命重置为100%。"SET/CLR"按钮在图6-3箭头所指处。

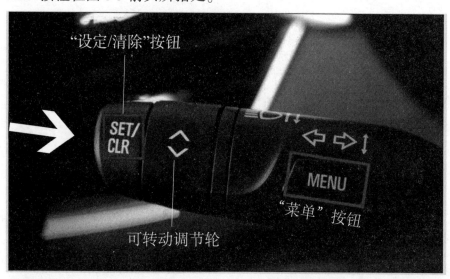

图6-3 科鲁兹轿车维护灯复位操作

(4)关闭点火开关,复位完成。

每次更换发动机润滑油时应复位系统,以便系统能够计算下一次发动机润滑油更换的时间。不要在任何时候意外复位润滑油寿命显示,除非是在更换润滑油后,否则不能将其准确复位。在车辆起动后,如果车辆显示"请速更换润滑油"或警告代码重新出现在仪表盘显示屏上,说明发动机润滑油寿命监测系统未被复位,则重复该程序。

参 考 文 献

[1] 丰田汽车公司.汽车维护操作[M].北京:高等教育出版社,2006.

[2] 朱军.汽车维修常用工量具使用[M].北京:人民交通出版社,2010.

[3] 明光兴,李培军.汽车电器实训教程[M].北京:中国人民大学出版社,2010.

[4] 孙善德.汽车发动机维护[M].北京:中国劳动社会保障出版社,2008.

[5] 刘江,王慧丽,张勇.汽车电工电子基础[M].北京:机械工业出版社会,2020.

[6] 张启森.汽车常用工量具使用[M].2版.北京:机械工业出版社,2020.

[7] 盛国超.汽车维护[M].北京:机械工业出版社,2019.

[8] 陈立刚.汽车维护一体化教程[M].北京:机械工业出版社,2019.